民國歷史與文化研究

十九編

第 **5** 冊

從「懼潮抗潮」到「人水和諧」
——民國以來（1911～2010）的錢塘江防治（上）

李 海 靜 著

花木蘭文化事業有限公司

國家圖書館出版品預行編目資料

從「懼潮抗潮」到「人水和諧」——民國以來（1911～2010）
的錢塘江防治（上）／李海靜 著 -- 初版 -- 新北市：花木蘭
文化事業有限公司，2024〔民 113〕
目 4+168 面；19×26 公分
（民國歷史與文化研究 十九編；第 5 冊）
ISBN 978-626-344-790-5（精裝）
1.CST：水利工程 2.CST：歷史 3.CST：錢塘江
628.08   113009359

民國歷史與文化研究
十九編　第五冊   ISBN：978-626-344-790-5

從「懼潮抗潮」到「人水和諧」
——民國以來（1911～2010）的錢塘江防治（上）

作　　者　李海靜
總 編 輯　杜潔祥
副總編輯　楊嘉樂
編輯主任　許郁翎
編　　輯　潘玟靜、蔡正宣　美術編輯　陳逸婷
出　　版　花木蘭文化事業有限公司
發 行 人　高小娟
聯絡地址　235　新北市中和區中安街七二號十三樓
　　　　　電話：02-2923-1455／傳真：02-2923-1452
網　　址　http://www.huamulan.tw 信箱 service@huamulans.com
印　　刷　普羅文化出版廣告事業
初　　版　2024 年 9 月
定　　價　十九編 6 冊（精裝）新台幣 16,000 元　　版權所有‧請勿翻印

從「懼潮抗潮」到「人水和諧」

——民國以來(1911~2010)的錢塘江防治(上)

李海靜　著

作者簡介

李海靜，女，博士，教授，碩士研究生指導教師，南潯學者。博士畢業於中國科學技術大學科技史與科技考古系。2019 年入職浙江水利水電學院，主要從事水利史、水文化、錢塘江防治史、中西方水利科技史比較研究。曾分別受美國紐約李氏基金、中國國家留學基金委資助兩次赴英國劍橋李約瑟研究所訪學。先後主持中國科學技術學會、浙江省社科聯、浙江省水利廳及地方水利局等單位委託開展的二十餘項科研項目。撰寫發表中英文論文 30 餘篇，出版學術著作 3 部。

提　　要

　　自古水利便為中國民生之根本，中國傳統治水方略完全依靠歷代積累的實踐經驗代代相傳。民國時期，伴隨西方水利科技知識的傳入，中國治水方略逐步走向建制化、科學化，錢塘江防治工程很好地反映和體現了這一歷史過程。自民國時起，錢塘江防治工程逐步建立了現代水利科學研究與管理體系，實現了防治理念與工程技術上的重要創新與發展，積累了豐富的歷史經驗，而學界對此尚缺乏系統研究。

　　本文以豐富的歷史檔案和原始技術資料為基礎，結合口述訪談以及公開出版的相關文獻，以追蹤和分析從「懼潮抗潮」達到「人水和諧」的轉變過程為總體分析框架，從現代防治理念的演變、現代防治工程的實施、現代基礎科研體系與現代管理體系的建立和發展、錢塘江防治工程經費投入與產出效益等角度，系統深入地分析了民國以來近百年錢塘江防治工程的發展歷程。

目次

緒　論

一、選題緣起與研究背景

　　水利工程建設在中國是「人命關天，百年大計，千秋大業」〔註1〕的國家大事，國家、社會、區域的發展都離不開水利建設。「興水利、除水害」是中國人民千百年來對水利工程建設的美好願望。同時，水利工程建設又與人類生活息息相關，該話題的研究已引起史學研究者的高度關注。

　　〔註2〕1935年，中國學者冀朝鼎完成博士論文《中國歷史上的基本經濟區與水利事業的發展》〔註3〕，其中闡述了中國歷史上水利建設與國家政權之間的關係。西方學者卡爾‧A‧魏特夫（Karl August Wittfogel）因關注中國歷史上的水利建設而提出「治水社會」、「東方專制主義」政權的中國史研究理論框架。在前輩學者的影響下，現今眾多史學研究者關注和探討中國「水利社會」問題，成為學界研究到基本理論框架。2011年，美國學者戴維‧艾倫‧佩茲著作《工程國家——民國時期（1927～1937）的淮河治理及國家建設》出版，本文在基於史料研究的基礎上，作者以1929年導淮委員會的成立為背景，闡釋淮河治理過程中各級政府內部、地方與中央之間的紛爭，以此來討論水利工程建設中存在到問題。

〔註1〕朱鎔基，1998年8月9日九江潰堤現場的講話。
〔註2〕〔美〕卡爾‧A‧魏特夫，徐式谷、吳瑞森，鄒如山譯，東方專制主義——對於集權力量的比較研究〔M〕，北京：中國社會科學出版社，1989（1）。
〔註3〕冀朝鼎著，朱詩鼇譯，中國歷史上的基本經濟區與水利事業的發展〔M〕，北京：中國社會科學出版社，1981。

　　目前，在水利史的研究領域，我國學者更多的關注中國古代水利工程建設、古代治水思想和理念、治水與區域社會等問題，對民國以來中國治水思想和治水理念的變革關注甚少。民國以降，伴隨著西方科學與民主思想的大規模傳入，中國治水技術、治水理念開始發生根本性變革，從傳統的經驗治水向以西方為代表的實驗科學體系發展，其主要特徵為治水工程由傳統以「防」為導向向以「治」為導向，力求治本，這是中國治水思想一次質的飛躍。有史可查的錢塘江防治工程始於唐開元年間，千年歷史進程中，該項工程從未中止，這也為我們研究提供了最為真實可靠的研究範例。錢塘江防治工程是中國治水史的一個縮影，全面考察和探討錢塘江防治理念、防治方略、防治技術、防治手段的歷史轉變，有助於我們詳實瞭解和深入理解中國治水從傳統走向現代的歷史過程。

　　錢塘江發源於安徽，流經浙江境，自杭州灣匯入東海，綿延數百公里。作為浙江的母親河，錢塘江在浙江經濟社會發展中起到了重要作用。錢塘江以其壯美的大潮聞名天下，錢塘江河口兩岸也因潮患災害而牽動朝野。歷代執政者均重視修築海塘以防禦潮災來保障太湖流域糧食生產安全，進而確保國家稅收。清康雍乾三代，錢塘江海塘工程成為國家工程，不惜以帑金修築北岸魚鱗海塘工程，力求「一勞永逸」。在技術水平有限的情況下，海塘工程發揮了重要作用，但錢塘江潮勢、潮力兇猛，每日兩潮持續沖刷著海塘，加之每年7～9月大潮汛汛的到來，潮水常常沖毀海塘，致使海塘工程陷入「累修累毀，累毀累修」的狀態，成為錢塘江不治之頑症。民國以來，伴隨著西方現代水利科技的傳入，受過現代水利科學教育的技術專家執掌錢塘江防治工程，嘗試通過整理江道來實現錢塘江治本之策，隨之流域綜合治理開發被逐步提上日程，由此，也形成了針對不同河段的和流域特點的不同防治方略。

　　錢塘江有南北兩源頭，北源上游新安江源頭出自安徽休寧縣六股尖東坡，南源馬金溪為蘭溪上源出自皖境縣青芝埭尖山坡；中游富春江；富春江在聞堰鎮附近納浦陽江後稱錢塘江。錢塘江與外海相連，其河口呈巨大的喇叭狀，外口大、內口小，加之江底巨大的倒三角形沙坎，每日地月運動所形成的自然潮汐湧入河口，形成了獨特的內河自然湧潮景觀。獨特的地形條件，加之每年7～9月份大潮汛的到來，使得錢江潮不僅潮勢兇猛且破壞力極強。而地處錢塘江南北兩岸的蕭紹平原和杭嘉湖平原自宋代以來便是國家賦稅的主要來源地。錢塘江沿線以其獨特的地理位置和特殊的經濟地位成為國家保護的

重點地區，為保護兩岸平原、防禦潮患災害，自古便有海塘工程的修築，至清代更是升格為國家工程，以國庫帑金支持建設海塘。近現代以來，頻發的潮災，持續的坍江威脅著已開發江灘熟地，錢塘江河口段的防治工程再次引起當政者的關注。

民國以來，接受過現代水利科學教育的工程技術人員在治江過程中不再滿足於修築海塘這一被動「防守」方略，而是積極探求錢塘江「治本」之策。錢塘江防治理念和防治方略的形成與確定並非一帆風順。在漫長而又充滿爭議的治江過程中，自然演變的偶然與人為參與的必然相結合，歷經幾代人的百年治江，方確立和形成了錢塘江防治方略，並得到有效實施，取得驕人的治水成就。近現代百年治江史，歷經了兩大歷史階段，走過了特殊的歷史時期，國家體制、管理制定、組織規劃方案、科學研究、技術水平等方面在發展中變革，同時又在變革中發展，其中科技的發展成為最為關鍵的要素。科技水平、科技手段的創新影響和決定著錢塘江防治工程的最終走向，成為今天「錢塘江畔古海塘與湧潮景觀並存，兩岸城鎮繁盛發展」的人水和諧治江成效取得的關鍵因素。作為湧潮災害最為嚴重的河口段，其河口治理工程歷時最長、治理成效最為明顯，故本文選取錢塘江河口段所開展的防治工程作為本文研究對象，以下游河口段閘家堰至澉浦段治江工程作為本文的研究內容。

與此同時，20 世紀以來伴隨著西方現代水利科技理論與技術的傳入，中國歷代所形成的治水思想、治水理念受到極大衝擊，新技術、新思想的傳入與應用從根本上改變了中國水利發展方向，為現代水利科學體系的建立奠定基礎。作為自古至今持續開展的中國水利工程建設的典型代表之一，錢塘江防治工程的發展過程見證了中國水利科技的千年發展及轉變過程，是中國水利科技發展史的縮影。同時，作為世界強潮河口的典型代表，錢塘江現代防治理念和防治方略在引進、消化、吸收現代西方水利科技成果的基礎上，實行了水利科技的「本土化」，為世界潮汐河口治理提供了中國方案。從長歷史時序和典型性等多方面考量，錢塘江防治工程在世界水利史、潮汐河口治理史上都具有極高的史學價值和研究價值。

錢塘江防治理念由清代及其以前形成的「以防為主」轉為現代「以治為主」，本文在新的歷史分析框架下展開相關研究工作，文章深入挖掘歷史細節，分析總結經驗教訓，為今天和未來的中國水利建設提供可借鑒的經驗和教訓。

二、前人的研究現狀

錢塘江海塘工程最早史料源於唐開元年間，千百年來錢塘江河口段防治工程從未中止，由此也形成了眾多研究成果。自然科學領域和人文社會科學領域的專家學者關注視角和研究重點各有側重。自然科學領域主要關注錢塘江的自然屬性和海塘修築工程，開展了泥沙運動、湧潮特性、海塘修築與維護等科學和技術問題的討論；社會科學領域的研究者更多關注明清海塘工程與政治、區域社會和環境的關係。縱觀已有研究成果尚未引起科學史界的關注，缺少大歷史時段跨越工程技術與人文社會學科的交叉研究；近現代以來，伴隨現代科技的興起，錢塘江河口段開展了大規模治江工程，該話題的研究和討論事關中國近現代水利科技轉型問題，也事關錢塘江河流形態從「寬泛」到「狹長」的科學解讀，但相關研究存在明顯不足。為還原治江真相，解讀錢塘江防治歷程中科技與現實的互動，本文將從科學技術史的視角，闡釋民國以來錢塘江防治歷程及其過程中防治方略、防治理念、管理機構、科技手段的演變發展，還原和記錄這一世界最為獨特的強潮河口防治歷程。

另外，本文在梳理史實，闡述民國時期和中華人民共和國兩個歷史時期錢塘江防治歷程的基礎上，筆者希望能夠探討組織機構的設立與調整、資金來源、技術專家、研究機構及政府在一項大型水利工程建設中所起作用或者說是所扮演的角色。

因主要從史學視角探討錢塘江防治工程，故本文對前人研究成果的綜述主要關注史學界與錢塘江相關的研究成果。

（一）國內研究現狀

目前，國內從社會學角度探討錢塘江問題的相關研究成果，其關注點主要集中在海塘工程，尤其以明清古海塘為研究重點。所涉及的研究領域包括歷史學、社會學、歷史地理學、政治經濟學等多個學科；研究內容內容涉及海塘修築史、海塘社會史（海塘與社會關係）、海塘管理制度史、環境變遷史，及其錢塘江流域木業、航運業、製鹽的發展史。

1. 海塘修築史視角

自民國以來，凡是介紹中國水利史的書籍必介紹海塘工程，並專設一章或一節介紹加以重點介紹，現將基本情況加以簡要的梳理。

1939 年，商務印書館出版著名水利專家鄭肇經先生所著的《中國水利史》，該著作共分八章，鄭老先生摘選黃河、長江、淮河、永定河、運河、灌溉為其

研究和介紹的重點內容；書中談到「江南地區自古為澤國，因海塘工程使江浙財賦得到保障」〔註4〕，故專設一章介紹江蘇海塘和浙江海塘；另闢專篇對水利職官進行介紹。可見海塘工程在先生心中分量之重，在中國水利史上地位之重要。文中對浙江海塘起止地點、修築歷史進行簡要概述，著重論述了清康熙、乾隆年間魚鱗海塘的修築過程。

　　1984 年，鄭肇經老先生的另一部著作《太湖水利技術史》中，鄭老先生從太湖流域潮災談起，對浙江和江南海塘修築技術的發展進行了詳細介紹，尤其是浙西海塘。從漢代談起海塘修築工程，對不同歷史時期修築技術進行介紹，側重於明清時期海塘修築技術，並對清代輔助護塘工程技術如護坦工程、挑水防沖工程、中小門引河工程、海塘管理制度進行專篇介紹。〔註5〕

　　鄭肇經先生是中華人民共和國成立後，中國水利史研究的開創者和推動者，在其影響之下，中國成立水利史研究所（該機構後併入中國水利科學研究院，即前身的北京水利科學研究院），專門從事中國古代水利技術、水利著作的研究和出版工作，其整理完成並出版多部中國古代水利典籍。且，該機構一直致力於中國水利史的研究工作，此後陸續出版了多部相關著作。而目前國內所出版的有關中國水利史的書籍，都會有專章或專節介紹海塘工程，如：1987年，姚漢源編著的《中國水利史綱要》；1989 年，水利水電研究院編著《中國水利史稿》；2002 年，周魁一編著的《中國科學技術史水利卷》；2005 年，譚徐明編著《中國灌溉及防洪史》。事實上，這些專著均是鄭先生之後水利史研究所不同時期掌門人所做，其根基是一脈相承的，內容上會有或多或少的調整、關注重點也會有所區別。學界的關注，無疑說明海塘工程在中國水利歷史上不容忽視的地位和研究價值。

　　1979 年，沈百先、章光彩編著的《中華水利史》〔註6〕在臺灣出版，書中專闢一章介紹海塘修築史、民國時期海塘工程及李儀祉《對改良海塘之意見》一文。相關內容仍為傳統的記述方法，並未展開深入研究。但該著作將臺灣海堤列入討論，為我國海塘史研究增加了新的研究內容。

　　與此同時，亦有專門著作介紹海塘修築史。

〔註 4〕鄭肇經，中國水利史〔M〕，上海：商務印書館，1939：2。
〔註 5〕鄭肇經，太湖水利技術史〔M〕，北京：農業出版社〔M〕，1987（1）：188～220。
〔註 6〕沈百先、章光彩，中華科技史〔M〕，臺灣：臺灣商務印書館股份有限公司，中華民國六十八年（1979 年）。

1955 年，中國著名經濟學家和歷史學家朱偰〔註7〕著述《江浙海塘建築史》出版，朱先生以研究中華文化見長，而此書以歷史文獻研究為基礎，書中主要介紹魚鱗大石塘修築技術的歷史演變。更為重要的是，作者關注到清代海塘修築工程與國家政治的關係，這是筆者見到的最早一部關注此類問題的專著，文章雖短但意義深遠，為後學者指出了新的研究視角和研究方向。同時，作者還對當時海塘現狀進行實地調查。我想朱先生如此用心，可能與他出生在海鹽有一定關係，錢塘江海塘就修築在海鹽縣城邊，無海塘便無海鹽；也或許作為文保專家的朱先生已意識到古海塘所蘊含的歷史文化價值。

1988 年，汪家倫編著《古代海塘工程》出版發行，該書以海塘塘型的演變、塘工技術的發展為研究對象，介紹海塘工程修築史。此書中作者認為「華信築塘」的故事可信，海塘工程約在公元前一世紀二十年代中期，是世界上最早修築的一條海塘。〔註8〕

1990 年，張文采編著的《中國海塘工程簡史》出版，此書最大的不同是將著眼點放在的全國範圍內，除江南地區的海塘外，對北方的海堤（山東、天津）、福建、廣東海堤均有介紹。書中也認為錢塘江邊杭州段的「防海大塘」為中國歷史上最早的一道海塘，但無法考證其確切的修築年代。〔註9〕作者對全國海堤分布及修築歷史進行考證，以歷史序列講述海塘修築史，同時對塘工技術、塘政、海塘建設與沿海開發問題進行闡述。此書總體著述布局、書章結構獨特，第一章至第九章講述海塘修築史、修築技術演變、塘政、及海塘建設與經濟開發等內容，第十章、第十一章再次介紹江南海塘和浙西海塘的修築史，可能是作者認為這兩段海塘在中國海塘史中地位重要且獨特而有意為之。

2000 年，陳吉余〔註10〕院士的《海塘——中國海岸變遷和海塘工程》一書出版，據筆者瞭解該書成稿應源於陳院士在 20 世紀 50 年代為華東師範大

〔註7〕朱偰（1907 年 4 月 15 日～1968 年 7 月 15 日），浙江海鹽人，字伯商。中國著名經濟學家和歷史學家。1925 年入北京大學經濟系，師從馬寅初，並以文史為副科。1929 年考取德國柏林大學政治經濟研究生，獲博士學位。朱偰先生長於明史、歷史地理與地方史研究。代表作品有《建康蘭陵六朝陵墓圖考》、《金陵古蹟圖考》、《元大都宮殿考》等。

〔註8〕汪家倫，古代海塘工程〔M〕，北京：水利電力出版社，1988（1）：5。

〔註9〕張文采，中國海塘工程簡史〔M〕，北京：科學出版社，1990（1）：5。

〔註10〕陳吉余（1921～），江蘇省灌雲縣人，河口海岸學家。1947 年畢業於國立浙江大學（研究生）。曾任中國海洋湖沼學會和中國海洋學會副理事長。現任華東師範大學河口海岸研究所教授、名譽所長、中國海洋湖沼學會名譽理事長、國際歐亞科學院院士、中國工程院院士。

學學生上課所撰寫的相關教案，後將其整理成此書稿。陳院士年輕時就讀浙江大學，碩士學習期間便參與錢塘江河口地質演變的調查和相關研究工作，1949年後又參與到錢塘江河口治理工程，對錢塘江應是熟悉的。陳院士工科學習背景，故此書撰寫與其他著作有很大不同：開篇便介紹中國沿海河口海岸的變遷史，然後再介紹海塘修建史，重點仍為兩浙（浙東、浙西）海塘，順之介紹了江蘇海塘和閩粵海塘。當然，書中亦存在不足之處。

　　2001年，陶存煥、周潮生兩位編纂的《明清錢塘江海塘》出版〔註11〕，這是從事錢塘江海塘和防治工程的一線工程師撰寫的首部著作，是一部有關錢塘江海塘工程較為詳細的著述，書中對明清時期錢塘江海塘修築思想、修築技術、塘型結構、附屬技術及其組織、管理情況都進行了詳細闡述，更為重要的是此文開始關注勞力和石料及其經費問題，這是對海塘修築工程背後社會學問題的首次關注。此書兩位作者是在佔有大量歷史文獻資料的基礎上完成的此篇著作，其充實的歷史文獻資料及專業技術背景使得該書更具參考價值。

　　另外，尚有多篇學位學術論文探討錢塘江海塘修築史的問題，如：汪胡楨先生於1947年發表《錢塘江海塘沿革史略》，該文詳細介紹了錢塘江河口演變及海塘修築歷史；同年，楊夏民發表《錢塘江海塘工程》，該文介紹了民國時期海塘修築的實際情況。中華人民共和國成立後，對海塘修築及其歷史沿革問題，有多篇文章進行討論，如：《錢塘江海塘的始建問題》《錢塘江海塘塘型結構沿革》、《錢塘江海塘護塘建築物技術演進》、《清代錢塘江海塘的建設》、《明清時期錢塘江海塘》、《錢塘江海塘的古今》、《錢塘江海塘演變簡況》、《錢塘江塘工技術近期進展》、《錢塘江古海塘的塘型演變和經驗探討》等等。

2. 海塘修築史與社會史交叉研究

2.1 海塘修築史與環境史視角

　　縱觀20世紀後期與海塘工程相關研究成果，研究內容聚焦於海塘工程與政治、經濟、社會及地方文化塑造之間的關係，從水利與社會的視角探討海塘修築過程及其所產生的影響。

　　2008年，復旦大學歷史地理系博士研究生王大學完成博士論文《明清江南海塘的建設與環境》。作者從歷史地理學的視角出發，聚焦江南海塘修築過程中生態、社會因素對海塘建設的影響，作者將其稱為「環境—社會動態」問題，

〔註11〕陶存煥、周潮生，明清錢塘江海塘〔M〕，北京：中國水利水電出版社，2001。

並認為：「這一研究問題是地理學偏離其他學科專業的根本出發點之一，它所研究的關係聯繫著社會與生物物理環境動態，是地理學的核心要素。」〔註12〕王大學博士以明崇禎年間、清順治和康熙年間華亭塘工所折射的政治問題為切入點，詳盡的介紹清雍正年間吏治整頓與海塘修築工程的關係，從而反映海塘修築工程背後的政治、人、社會與工程的互動。與此同時，對於江南海塘修築過程中石料及其運輸、技工等問題解決，作者也進行了考證；就海塘的維護管理問題也進行探討，作者認為是護塘、歲修制度的形成受人為和自然因素雙重影響而確定，〔註13〕由此，提出環境理論。該課題相繼獲得國家基金資助，著述也已出版發行。

2007 年，安徽大學陳靜的碩士論文《明代浙江海鹽縣海塘與當地社會經濟》，作者從海鹽地區的潮災情況談起，介紹了明代錢塘江海鹽段海塘的修築過程，側重於介紹海塘修築資金、管理、潮神祭祀文化及海塘修築完成後對地方社會的影響。作者選取海鹽段海塘為研究對象極具代表性，歷代海塘修築工程中，海鹽段均為修築重點。因此段江道風浪最為兇猛、海塘沖毀嚴重，海塘工程直接關係到海鹽縣城的安危與存亡。

2008 年，中國人民大學歷史地理系張梅英碩士論文《明清環太湖平原海塘與生態環境》，本文所論述的環太湖海塘事實上就是錢塘江海塘，其研究內容主要探討海塘修築過程中所需木料、石料的來源，及由此造成過量採伐所產生的環境問題。文中對土塘護坡植被、白蟻、蛇鼠等動物對海塘的破壞及灘地開發也進行了介紹。

另外還有幾篇圍繞海塘與當地經濟社會關係為研究內容的碩士學位論文，分別為：1985 年，南京大學張華的《明清時期浙西海塘的修築》；2007，臺灣淡江大學朱鴻勳《明代江浙地區的海塘》；2008 年安徽大學張其榮《清前期杭嘉湖地區海塘建設與當地社會經濟發展——以浙江省海寧州為中心》；2011 年，寧波大學劉丹《杭州灣南岸寧紹海塘研究——以清代為考察中心》；

〔註12〕 王大學，明清江南海塘的建設與環境〔D〕，上海復旦大學博士學位論文，2007：23。

〔註13〕 筆者認為：江南海塘南段與錢塘江北岸海塘相接，西起金山縣裴家弄至南匯縣南匯嘴。清代康、雍、三代不惜帑金修築海塘工程，及其護塘制定的確立，不能僅僅局限在江南海塘存在問題的角度來看，事實上錢塘江北岸海塘工程與江南海塘南段是一個整體，管理制定及後期的維護應該遵循著統一的標準。因潮汐沖刷厲害，海塘極易破損，護塘制定的建立也是為了「一勞永逸」的帝王願求。白蟻、植被等自然因素應居於次要地位。

2012 年，復旦大學田戈《明清時期今慈谿市域的海塘、聚落和移民》；2013年，暨南大學胡仲愷《清代錢塘江海塘的修築與低地開發——以海寧、蕭山二縣為考察中心》，這些文章均圍繞海塘修築工程與地方經濟社會的關係展開其研究。

另尚有多篇學術論文對海塘管理、採石、投入等問題展開研究，如：《試論錢塘江海塘的「寓工於兵」管理體制》、《錢塘江海塘巡查機制初探》、《錢塘江海塘與浙江採石文化的關係研究》等。

2.2　海塘修築史與政治史視角

2008 年，中國人民大學古代史專業博士研究生和衛國以《清代國家與錢塘江海塘工程：以十八世紀為中心》為題介紹海塘修築工程與清代國家皇權的關係。本文作者試圖從錢塘江海塘工程作為國家工程已成為國家政治內容的一部分，將海塘工程作為塘政來研究，探討其所蘊含的政治內容和政文化〔註14〕。作者更側重於從政治史的角度研究錢塘江海塘問題，以國家的視角透視大型公共建設工程，探討政府決策和政府行為的研究取向，對「政治史地位及如何研究」問題給予積極回應。〔註15〕全文除介紹錢塘江海塘修築史外，以清康熙、雍正、乾隆三朝的大規模海塘修築工程為研究對象，展開對江道變遷、修築之爭、修築技術、修築經費、歲修制度的確立等相關問題的研究。另外，和衛國還發表了與此相關的學術論文，此處不再贅述。

在此博士論文研究基礎上，2012 年和衛國博士以「治水政治：清代國家與錢塘江海塘工程研究」為題申報國家社科後期資助獲得成功；2015 年，正式出版發行《治水政治清代國家與錢塘江海塘工程研究》一書。

2010 年，南開大學博士研究生劉志松以《清「冒破物料」律與工程管理制度》為題，從政治學的角度考查《大清律》中的「冒破物料」律的形成過程，及其在清代順治、康熙、雍正、乾隆、嘉慶及其後期的實施情況。因錢塘江海塘工程作為國家工程，實施中必然存在「冒破物料」的問題，從而成為研究者的研究案例之一。

3.　古海塘保護

21 世紀以來，有關錢塘江古海塘及湧潮景觀保護的呼聲越來越高，不同

〔註14〕和衛國，清代國家與錢塘江海塘工程：以十八世紀為中心〔D〕，人民大學博士學位論文，2008：16。

〔註15〕同上，256。

學科領域的研究者對錢塘江古海塘破壞機理、古海塘保護、古海塘文化及其綜合開發等問題展開研究。

另一方面，錢塘江古海塘未來的修築的問題將成為專業技術領域和考古界研究的重點問題，採取傳統方式修築還是採取現代技術進行修築維護已成為管理者關注的重點問題。2014 年，筆者參加錢塘江管理局組織的「蕭紹海塘文化研討會」，與會專家、領導對此問題有諸多疑慮和困惑，在場的水利專家和文保專家對此問題意見不一。其主要問題是：古海塘一旦列入文保項目，未來維護、修築均需文保機構的認定方可開展。但現存古海塘主要分佈在錢塘江北岸湧潮最為勇猛的海寧段，仍承擔著防潮御浪、保護平原安全的重責，每年日常維護不斷。水利部門堅持海塘守土功能是首位的，兩岸安全是第一位的，不希望海塘日常修築維護受到文保部門的干預和影響。伴隨歷史的車輪不斷前移，古海塘保護和維護是一個不容忽視的現實問題。

關於錢塘江古海塘保護問題的研究成果往往來自於專業技術領域，不同研究者在研究內容和研究側重點方面各有不同。如：2014 年，北京水科院水利史研究所博士研究生祝衛東以《清代重力型石塘及科學價值》〔註 16〕為題，對錢塘江古海塘的修築技術應用現在水利科技理論展開研究，探討古海塘所具有的科學價值，同時提出錢塘江古海塘的水利遺產價值。

亦有文章對錢塘江古海塘的破壞機理展開分析研究，分別為：2012 年，吳有霞的碩士論文《錢塘江古海塘破壞機理研究》；2013 年，謝永貴的碩士論文《糯米灰漿力學行為與古海塘破壞機理》。前一篇文章側重於對波浪的研究，通過大型波浪水槽試驗，探討以波浪作用為水動力條件，水體對古海塘塘體的作用力以及波浪—塘體—地基之間的相互作用，並分析不同水動力作用條件下坦水結構的形態變化。後一篇文章則從材料入手，對古海塘塘身黏合劑糯米灰漿展開現代研究，探討不同工況下海塘破壞機理。

另有多篇學術論文探討古海塘及其附屬工程的保護和修築問題，這些研究成果大部分來自於從事錢塘江古海塘維護工作一線科技工作者，如：《地質雷達檢測技術在錢塘江古海塘工程中的應用》（2015）〔註 17〕、《錢塘江臨江古

〔註16〕祝衛東，清代重力型石塘及科學價值〔D〕，中國水利水電科學研究院博士學
　　　　位論文，2014。
〔註17〕李玲玲、張永鋼、李磊岩，地質雷達檢測技術在錢塘江古海塘工程中的應用
　　　　〔J〕，實驗技術與管理，2015（9）：95～98。

海塘維護養護若干技術問題探討》（2014）〔註18〕、《錢塘江古海塘護坦結構失效機制試驗研究》（2013）〔註19〕、《MJS 工法加固古海塘木樁樁基現場試驗研究》（2013）〔註20〕、《錢塘江魚鱗石塘湧潮作用力動態測試與分析》（2013）〔註21〕、《錢塘江古海塘水動力作用試驗研究》（2012）〔註22〕等等。從文章發表的時間和內容可以瞭解有關錢塘江古海塘的相關研究動態，自 21 世紀有關錢塘江古海塘加固保護方面的研究成果不斷增多，可見古海塘加固問題已成為日常維持工程中最為關注的問題之一。另，2012 年之後，有關海塘保護的相關研究不斷深入，工程技術人員開始採用新技術、新方法通過試驗分析來探討更為具體的局部防護措施，以期更好的保護古海塘各個不同部位，針對問題採取不同的保護措施。

4. 文化建設視角

近年來，伴隨國家對文化建設事業的重視，千年古海塘作為中華水利技術、水利文化的縮影越來越受到關注，有關古海塘文化建設的研究成果也日益豐富。2014 年 11 月 18 日，錢塘江管理局在紹興組織召開「蕭紹海塘文化專題研討會」，會上筆者作《錢塘江海塘及湧潮景觀申遺研究》的學術報告，並提出錢塘江古海塘湧潮景觀申遺路徑。〔註23〕2015 年 9 月，浙江省召開政協會議，浙江省政協主席葉明正式提出錢塘江古海塘申遺問題，〔註24〕將來有關古海塘文化遺產方面的研究成果必將更加豐富。隨之而來的，古海塘與湧潮景觀的文旅融合研究也將成為新的熱點問題被更多研究者關注。

〔註18〕 賀俊、陳振華，錢塘江臨江古海塘維護養護若干技術問題探討〔J〕，城市道橋與防洪，2014（9）：161～165。

〔註19〕 蔣弘毅、陳振華、國振、王立忠，錢塘江古海塘護坦結構失效機制試驗研究〔J〕，岩土力學，2013（s1）：214～220。

〔註20〕 王擁文、包增軍、張開偉，MJS工法加固古海塘木樁樁基現場試驗研究〔J〕，岩土工程技術，2013（4）：171～175。

〔註21〕 沈躍軍、陳振華、張開偉、張鑒偉，錢塘江魚鱗石塘湧潮作用力動態測試與分析〔J〕，水利水運工程學報，2013（6）：81～87。

〔註22〕 王立忠、吳有霞、徐有成、朱奕冰，錢塘江古海塘水動力作用試驗研究〔J〕，海洋工程，2012（3）：68～78。

〔註23〕 李利，蕭紹海塘文化專題研討會在紹召開學者呼籲加快申遺事宜〔N〕，浙江在線，2014-11-18；《錢塘江文化叢書》編纂委員會編，蕭紹海塘文化專題研討會〔M〕，上海：上海古籍出版社，2016。

〔註24〕 錢塘江古海塘申遺刻不容緩〔N〕，人民政協報，2015 年 6 月 6 日。http://xuan.news.cn/cloudnews/shizheng/20150606/2417749_c.html。

現今，有關古海塘文化建設的研究內容主要從古海塘申遺、古海塘生態文化建設、古海塘與民俗、古海塘所蘊含的文化及展示價值、古海塘的旅遊開發等方面的問題展開研究。

2014年，在導師石雲里教授的引導之下，筆者完成論文《錢塘江海塘及湧潮景觀申遺研究》〔註25〕，文章從申請加入世界文化遺產的標準談起，探討錢塘江古海塘及湧潮景觀聯合申報世界文化景觀遺產的可行性及其存在的問題，對研究路徑進行了深入闡述。

另，也有文章從不同角度探討古海塘文化價值、未來旅遊開發等問題，如：《錢塘江古海塘文化與展示價值初探》〔註26〕、《試論錢塘江南岸古海塘旅遊資源的保護與開發》〔註27〕等文章。

2010年，鄭偉忠發表《錢塘江海塘與浙江採石文化的關係研究》，此文結合海塘修築工程中需要大量石料，從而將古海塘保護開發與區域採石文化相結合，作者試圖探討一個新的旅遊開發的視角。

另一方面，錢塘江海塘因湧潮而受到關注，對錢江潮與地方潮神信仰〔註28〕的研究，該研究方向也將成為潮文化研究的重要內容之一。

5. 其他研究視角

錢塘江兩岸海塘修築過程中，同時伴隨著圍墾、開發利用江灘沙地的歷史事件，錢塘江南北兩岸江灘因江道變遷而時淤時坍，淤積出的大片沙地被當地居民開發利用，時久而形成村鎮。有部分學者關注此類問題，研究圍墾防治開發的過程，從而反映當時的社會歷史狀況。1996年，杭州大學馬丁的碩士論文已《蕭山圍墾的歷史研究》為題展開錢塘江南岸圍墾史的研究工作；2012年，寧波大學穆連傑的碩士論文《清代蕭山的海塗墾殖研究》，文中對錢塘江江道變遷、海塘修築工程、人口激增等客觀因素入手，展開清代南岸蕭山海塗圍墾的研究工作。

另一些專業技術人員關注到錢塘江管理機構的演變，如：20世紀90年代，錢塘江管理局及浙江省水利河口研究院的部分老同志為撰寫《錢塘江志》

〔註25〕李海靜、王淼，錢塘江海塘及湧潮景觀申遺研究〔J〕，國水利，2015（2）：61～64。

〔註26〕徐蘇焱，錢塘江古海塘文化與展示價值初探〔J〕，藝術科技，2014（6）：91～92。

〔註27〕馬丁，試論錢塘江南岸古海塘旅遊資源的保護與開發〔J〕，2003（1）：21～27。

〔註28〕龔真真，錢塘江潮神種種〔J〕，文化交流，2015（10）：78～81。

而對錢塘江、錢塘江海塘等相關歷史問題展開研究，1994 年作為浙江省水利河口研究院內部刊物的《河口與海岸工程》發表史志研究專刊，登載部分史學研究文章，如《近代和現代的錢塘江海塘管理機構》〔註29〕。此類問題往往不被外界的研究者所關注。

此後，有研究者對錢塘江海塘經費、海塘管理、白蟻防治、綠化問題等相關問題展開研究工作，研究成果日益豐富，但這些研究均來自於專業領域專門從事該項工作的研究人員，已脫離了歷史學研究視角。如：《錢塘江海塘管理費解決途徑探討》〔註30〕、《錢塘江海塘建設投入與效益分析》〔註31〕、《海塘管理存在的問題及建議》〔註32〕、《錢塘江海塘白蟻綜合防治措施及效果評價》〔註33〕、《錢塘江海塘白蟻綜合防治效果初探》〔註34〕、《採用藥物灌漿進行錢塘江海塘白蟻綜合防治的探討》〔註35〕、《錢塘江海塘鹽鹼地綠化造林技術探討》〔註36〕等等。

（二）國外相關研究現狀

20 世紀初，便有日本學者研究中國水利史問題，他們深知水利灌溉對中國經濟社會發展的重要意義。1929 年由小越平陸編著的《黃河治水》出版發行。此後，相繼有學者關注中國水利史問題。1965 年，以佐藤武敏為中心在日本成立中國水利史研究會，發行學術刊物《中國水利史研究》，每年 11 月 4 日在日本大阪舉辦一次「中國水利史研究大會」，會上將宣讀三份研究報告，

〔註29〕錢旭中，近代和現代的錢塘江海塘管理機構〔J〕，河口與海岸工程，1994（2）：67～73。

〔註30〕應日恩，錢塘江海塘管理費解決途徑探討〔J〕，浙江水利水電專科學校學報，2002（2）：33～34。

〔註31〕賀春雷，錢塘江海塘建設投入與效益分析〔J〕，浙江水利水電專科學校學報，2001（4）：39～40。

〔註32〕穆永波、鄭慧，海塘管理存在的問題及建議〔J〕，城市建設理論研究（電子版），2013（30）；張寧乾，海塘管理存在的問題及建議〔J〕，房地產導刊，2015（19）。

〔註33〕陳文江、胡寅，錢塘江海塘白蟻綜合治理措施及效果評價〔J〕，浙江水利水電專科學校學報，2010（1）：56～58。

〔註34〕宋曉鋼、王巨峰、石勇、阮冠華，錢塘江海塘白蟻綜合治理效果初探〔J〕，中國媒介生物學及控制雜誌，2004（6）：479～481。

〔註35〕徐冬、胡寅，採用藥物灌漿進行錢塘江海塘白蟻綜合治理的探討〔J〕，城市害蟲防治，2008（1）：40。

〔註36〕黃海珍，錢塘江海塘鹽鹼地綠化造林技術探討〔J〕，技術與市場，2006（10）：22～24。

開展質疑和問答。〔註37〕日本學者研究中國水利史涉及史料研究、流域防治、水利與區域社會、水利與政治等內容。〔註38〕

日本學者森田明、本田治、岡崎文夫、池田靜夫等專門從事中國水利史研究的學者，在其著作中對錢塘江海塘及中國海塘均有介紹，以海塘與社會政治、經濟關係及海岸線的變遷為主要研究內容。如：《江・浙におろけ海塘の水利組織》、《宋・元時代浙東の海塘について》、《唐宋時代兩浙・淮南の海岸線について》、《江南文化開發史——その地理的基礎研究》中《沙漲と築塘》。由此可見，中日學者均認可海塘工程在中國水利史中的重要地位，均無法迴避對此項工程的介紹。

除日本學者外，其他國家的學者更關注現代中國水利科技發展及錢塘江湧潮和泥沙的最新研究成果。

伊懋可（Mark Elvin）、蘇寧濟（Su Ming Hu）的文章「Man Against the Sea: Natural and Anthropogenic Factors in the Changjiang Morphology of Hangzhou Bey, circa 1000～1800」（《遙相感應——西元一千年以後黃河對杭州灣的影響》）從歷史文獻資料出發，以錢塘江江道變遷為研究切入點，進而討論研究杭州灣泥沙、潮波及河口動力問題，試圖證明黃河泥沙將對杭州灣產生影響。

通過梳理前人研究成果，筆者發現：該領域的史學研究工作以潮災所帶來的海塘修築工程為主要研究對象，探討明清海塘修築過程及其相關社會問題。史學界對民國和中華人民共和國時期的錢塘江防治工程甚少探討，本文研究可彌補已有研究的不足。

三、本文研究內容

筆者選取民國以來錢塘江河口段（聞家堰至澉浦段）所開展的防治工程為研究對象。在研究時段的確定上，筆者進行了仔細的思考：首先，民國時期是中國科技人文等多方面轉型發展的關鍵時期，是西方水利科技引進並影響中國的開端；其次，中華人民共和國時期研究時段的確定需要慎重考慮。原因如下：一是，錢塘江防治工程至今仍在進行當中，如何確定截止時間成為一個新的問題。筆者根據所掌握的原始材料，以中華人民共和國成立後防治理念的變

〔註37〕森田明撰文，鐵山博翻譯，日本「中國水利史研究會」簡介〔J〕，中國水利，
　　　　1982（03）：59。
〔註38〕鈔曉鴻主編，海外中國水利史研究：日本學者論集〔M〕，北京：人民出版社，
　　　　2014。

革為主線來確定研究時段，至 21 世紀錢塘江防治工程總體布局已基本完成，故選取 2010 年為截止時間；二是，2010 年之後的錢塘江受關注的重點不再是防治工程，而是面向杭州灣的未來開發利用問題。

民國以來，錢塘江防治工程是由傳統經驗治水向現代科學治水轉變的重要過程，防治理念自清代及其以前的「防」轉變為民國及其以後的「治」。本書以「一條主線，兩個時代」展開錢塘江防治史的研究工作，以「防治理念演變」為主線，系統梳理了民國時期、中華人民共和國成立後兩大歷史時期防治理念、防治工程、基礎科研、管理機構、資金投入等多個相關方面的歷史演化過程。在此基礎上，總結和反思世界強潮河口防治的經驗與教訓。歷經千年的錢塘江防治工程是研究世界潮汐河口治理的經典案例，體現了中國治水從傳統向現代轉變的全歷史過程，透過歷史和具體工程實施，我們來探討和思考中國如何「科學治水」？又是如何做到「科學治水」？在「科學治水」的過程中，哪些因素影響著大型水利工程建設的決策和實施。

四、本文研究框架

錢塘江治理歷史悠久，自唐開元年間便有修築海塘的史料記載，此後歷代從未中斷。受歷史時期和技術手段的限制，清代及其以前均以修築海塘的方式防禦潮患，採取「以防為主」的防治理念和防治方略，明清時期魚鱗大石塘修築技術的形成和修築工程的完成最具代表性；民國之後，錢塘江防治理念轉入「以治為主」，受過現代水利科學教育的技術專家主導治江工程，力求錢塘江治本之策；中華人民共和國時期，在民國防治理念的基礎上，實施「以治促防」的防治理念，工程實踐中實現了防治結合。近現代以來，錢塘江防治理念的演變是以水利科學理論為支撐，應用現代水利科技手段，歷經幾代人的共同努力所完成的。在此過程中，錢塘江防治技術、基礎科研體系、現代管理體制均發生了不同於以往任何歷史時期的根本性變革。本文以錢塘江防治理念由「防」到「治」的轉變為分析框架，展開相關研究工作。

從論文整體框架結構來看，可分為以下幾個部分：

首先，本文以錢塘江防治理念的變革為研究主線，探究現代防治理念創建的過程。本文在梳理防治理念變革的基礎上，來探討不同歷史時期防治理念的特點，分析和探究理念之間的異同。這一工作有助於我們清晰暸解錢塘江防治理念的歷史發展脈絡。

其次，錢塘江防治工程受防治理念變革的影響，防治方略也隨之發生了重大變革，採取的防治措施多有創新和發展。在吸收西方現代水利科技的基礎上，錢塘江防治工程所涉及的海塘修築工程、江道整治工程等工程措施均取得技術上的發展和突破。從民國至今，不同階段採取了不同的防治方略和防治措施，這也將成為本文研究的重點內容，即從科技發展的視角看錢塘江防治工程。

第三，錢塘江防治理念和防治方略的變革是建立在基礎科研基礎之上。伴隨著西方現代治水思想的傳入，錢塘江防治工程首先建立和開展基礎性流域調查工程，積累流域水文、地形等基礎數據資料。這一工作的開展不僅為錢塘江防治理念和防治方略的制定提供紮實的理論基礎，同時基礎科研體系得以逐步建立、發展和完善，後續形成居於世界先進行列的研究理論和研究成果。工程技術人員將錢塘江防治工程所取得的研究成果和工程實踐應用於社會其他領域，實現了科技成果轉化，服務於社會。

第四，社會政治制度的變革深深影響著中國水利建設事業的發展。民國時期，中國正在由封建社會步入資本主義社會；1949 年之後，由資本主義社會步入社會主義社會。兩種不同的政治制度影響了錢塘江管理體制和管理理念的變革。在不同歷史條件下，伴隨著防治工程的開展和現實需求，錢塘江管理體制和管理理念發生了諸多變革。本文通過分析政治制度變革對基礎實體機構的管理制度影響，來探究政治制度變革是如何影響著大型水利工程建設的發展和走向。

最後，通過探討不同歷史時期防治工程經費投入情況，來印證和反映錢塘江防治工程的實施過程和具體步驟，間接瞭解工程開展的情況。在防治工程實施完成後，依據其防治效果、獲取的土地資源及其所帶來的社會效益，分析探討防治工程實施後所產生的溢出效應。

五、研究方法

（1）本文確立由「防」到「治」新的分析框架。

錢塘江防治工程經歷了漫長的歷史過程，明代及以前，受技術條件和社會經濟條件的限制，面對潮災，只能採取「隨坍隨修，步步退讓，消極防禦」的海塘修築方略。至清代，隨著國力的增強記海塘修築技術的日益完善，錢塘江北岸險段魚鱗大石塘修築成功，至此錢塘江防治採取「一步不讓，積極防禦」的海塘修築方略。民國之後，伴隨現代西方水利科技的傳入，新的治水理念、

新的治水技術傳入中國，面對「累坍累毀，累毀累修」的海塘，工程技術人員開始尋求新的治江之策力求根治錢塘江的問題。自此，錢塘江防治工程由以「防」為主，逐步轉入以「治」為主。中華人民共和國成立後，科技理論不斷發展，計算機被廣泛應用，新的理論、新的方法、新的技術手段被不斷應用到錢塘江防治工程中，由此使得防治理念再次發生轉變，「治」成為工程的主體方略，「以治代防，防治結合」成為工程實施得新的防治理念。

　　錢塘江防治理念的變革是以基礎科研的發展、科技的進步為基礎，與國家關注、管理體制、經費投入密切相關。從大的歷史時段來看，尚無學者對此問題展開討論。

　　（2）從研究資料的應用方面來看，本文注重應用專業技術報告作為基礎材料，並與親歷者的口述訪談相結合。

　　筆者收集整理了大量政府報告、研究報告、工作報告等一手材料作為基礎性研究資料，同時收集、整理和運用工程參與者撰寫的相關學術論文，並對親歷者包括錢塘江防治工程的決策者、參與者、管理者展開口述訪談，力求真實完整還原錢塘江防治工程的歷史發展脈絡。

　　本文採取口述訪談與原始材料相互映證、相互結合的方法，從而更精準的獲取和把握研究重點和研究內容，並探究文獻材料背後的歷史細節。

　　（3）從研究路徑來看，本文採用「細節研究—整體概述—綜合分析—歸納討論」的方法。

　　大型水利工程建設往往工程實施後所產生的效果為大眾所關注，而其立項、實施的過程甚少被大眾所瞭解，且背後的爭議也較少受到關注。建設者也往往會更多的強調工程的效果，實施後所解決的問題和帶來的效益。對於工程立項的過程、立項的爭議、工程上馬的背景往往被忽視和掩蓋。本文通過細節研究即立項背景、立項爭議等易被忽視的問題為研究視角，探討大型工程實施背後的故事，展示歷史細節，探究影響工程決策的細碎因素。再從整體和全局出發，探求基礎科研、資金投入、管理制定對工程總體實施所產生的影響，進而綜合分析研究各個因素對事件所產生的影響，從工程倫理視角探討工程實施全過程，總結和反思世界強潮河口防治理念的形成與發展過程。

　　（4）從學科領域來看，本文採用跨學科交叉研究展開討論。

　　從研究內容來看，本文是內史研究與外史研究相結合。除傳統的科技史研究方法外，還將涉及到眾多水利專業知識及河口海岸知識，水利科技的變革與

發展是文章內容的重要組成部分。此外，書中還涉及錢塘江流域管理體制的變革、治江工程所取得社會經濟效益的計算等問題，這些內容將涉及到管理學、統計學等眾多學科領域知識。書中嘗試多學科、多角度探討近現代錢塘江防治工程的全過程。

（5）從具體研究方法來看，本文採取數理統計分析、要素分析、比較研究、案例研究等方法。

文章涉及眾多數據統計的內容，通知數據的整理分析來透視其所反映的內容；要素分析是指對不同影響因素進行分析研究，進而探求各因素所起作用及所產生的影響；比較研究，本文選取民國時期和中華人民共和國時期作為研究對象，對兩個歷史時期所採取的政策策略進行研究，本身就是典型的對比研究；案例研究，即錢塘江防治是世界潮汐河口防治的一個典型的強潮河口治理案例，在世界潮汐河口治理史上佔有重要地位，不容忽視。

六、研究意義

民國時期，伴隨西方現代水利科技的傳入，中國治水技術受其影響發生重大變革，這些變革在錢塘江防治工程中有著充分的體現。西方專家學者、接受西方水利科學教育的科技管理者來到錢塘江，參與到防治工程中，他們的到來和參與帶來了新的理念和方法。由此，錢塘江下游河口段的防治理念、防治方略、防治手段發生了根本性的變革。

史學界或者說人文學科領域的研究者對錢塘江的關注點聚焦於明清時期的海塘工程。清代康雍乾三朝，錢塘江海塘工程成為國家工程，其工程地位、修築技術、管理施工、善後維護等各個方面均達到了頂峰。清代海塘修築史料相對其他歷史時期更為豐富、更易獲得。故明清時期的錢塘江海塘工程受到眾多研究者的關注，相關研究成果也最為豐富。但是，錢塘江防治技術變革最為關鍵的民國時期，尚未引起史學界的重視，相關研究成果明顯不足。本著作將建立新的分析框架並以此為切入點來探討錢塘江防治理念由「防」轉「治」的歷史過程，彌補學界已有研究的不足。

1949 年中華人民共和國成立後，在沿革民國時期防治方法的同時，在基礎科研日益完善的基礎上，提出新的防治理念和防治方案。錢塘江兩岸的海塘修築工程技術也自民國時期發生變革，新的材料、新的技術被廣泛應用，中華人民共和國時期在沿革以往技術的基礎上，根據江道變化和現實需求，展開新

一輪的技術升級，使得海塘修築技術水平、施工能力獲得新的提高。自 1949
年至 2010 年的 60 餘年間，錢塘江河口防治工程取得突破性進展，實現了標本
兼治的防治目的。錢塘江防治工程在基礎資料的收集整理和利用、數據的分析
研究、治導線的修訂完善、防治方案的完成、防治效果的取得及其多年來對防
治效果的檢驗，都表明錢塘江防治工程達到了預期的防治目標，並為兩岸經濟
社會發展提供了巨大支撐。

　　不同政治體制體制和技術水平下，流域防治工程的開展及對工程產生了怎
樣的影響，這一問題引起了作者的關注。與此同時，文章通過對歷經兩大歷史
時期的同一防治工程的研究，可以探討和追尋中國水利工程和水利科技「現代
化」、「建制化」、「科學化」的發展歷程。本文的研究意義主要體現在以下幾點：

　　（1）**史學研究價值**。通過對學術的研究回顧可以發現，有關錢塘江的相
關研究成果中，民國時期和中華人民共和國時期相關防治史的研究尚屬空白。
本文以民國時期西方水利科技的傳入對錢塘江水利工程修築技術、防治理念
產生的影響為切入點，勾勒出現代水利科技引進、消化、吸收西方知識的過程；
中華人民共和國成立，將現代水利科技與錢塘江實情相結合，進行技術的發展
與創新、防治理念、防治方法的不斷發展與完善的歷史過程，從而摸清近現代
以來，錢塘江水利科技發展的歷史脈絡，同時，這一脈絡也是中國水利科技現
代化發展歷程的一個縮影。

　　（2）**現實借鑒意義**。本文深挖錢塘江防治工程的歷史細節，探究民國時
期和中華人民共和國時期各項水利科技發展的細枝末節。文章對防治工程開
展過程中產生的「科學」與「不科學」的理念進行詳細闡述，從而真實探究和
展現大型水利工程規劃、立項、實施、完成的全過程。在此基礎上，文章分析
探討影響大型水利工程建設的各個因素及其所起作用，為後世此類工程的開
展提出警醒，也可提供可借鑒的經驗和教訓。

　　（3）**工程決策視角的案例價值**。本文系統梳理現代防治理念、防治方略、
防治技術的基礎上，探討與工程相關的基礎科研、現代管理體制的發展演變及
防治實施後的投入與產出效益。在史實梳理的基礎上，探討影響大型水利工程
的各個因素？影響工程決策的主導因素有哪些？不同因素對大型水利工程建
設產生了怎樣的影響？錢塘江防治工程作為現代水利工程建設的一個案例，
有助於瞭解我國現代水利科技發展脈絡；對其經驗教訓的總結和思考，對未來
水利科技政策的制定具有借鑒意義。

（4）世界強潮河口防治史首次系統梳理。錢塘江河口作為世界上最具代表性的世界強潮河口的代表，對其防治歷程的首次系統梳理，總結和反思強潮河口治理的經驗。

第一章 現代防治理念的初創

　　錢塘江海塘自古便是保護兩岸安瀾的生命線，海塘修築和維護工程從未中斷。明清時期魚鱗大石塘的修築完成，使得海塘修築技術達到頂峰。在此過程中，錢塘江的防禦理念也由明代及其之前的「被動防禦」轉變為清代的「主動防禦」。但是，海灘修築工程仍難逃「累修累毀，累毀累修」的命運，每年需要投入巨大的資金、人力、物力對其進行修護。

　　民國以後，伴隨著現代西方水利科技的傳入，受過水利專業教育的工程技術人員全面負責海塘修築工程。工程技術人員面對累修累坍的海塘，不再滿足於「修築海塘」這一治標的被動防禦之策，而是開始積極探尋錢塘江治本之策。由此，錢塘江防治理念逐步轉變為「防治兼顧，力求治本」，這是錢塘江現代防治理念的首次確立，標誌著以「治」為主的現代防治理念和現代防治工程逐步建立和開展。

　　基於此，本章主要分析民國時期錢塘江防治方略、防治理念創立及其發展演變過程。本章將從治江背景出發，探討具體防治規劃方案的產生的政治背景、規劃內容及治理成效，探討各防治方案中防治理念的特點及理念之間的異同。

1.1 歷史背景

1.1.1 江道變遷概況

　　錢塘江最大災害為潮災和江道變遷，明代之後才對兩大災害有所認識。因此，明代之後所修築的海塘強調加高塘身以防潮浪。錢塘江大潮異常兇猛，為世界所罕見。英國科技史家李約瑟（1900～1995）在其著作《中國科學技術史》一書中介紹潮汐篇時，對錢塘江大潮所處位置和特點進行了專門的論述：

　　　　錢塘江大潮是世界兩大觀潮聖地之一，且處於古文明的核心區。錢塘江潮的水頭平常高約 12 尺，在最初的一小時內，再繼續增高 6 尺，整個幅度約為 20 尺。在內河，漲潮後則產生波浪速度高達每小時 10 里的洪流。兩波相接處產生高約 30 尺的壁立的巨浪，如靠近海岸，便會掃過龐大的海堤。遠在海潮達到之前便聽到一種雷鳴般的聲音，高潮過去以後，在激流中向上游〔註1〕行駛的木船是很難駕馭的。〔註2〕

　　文中描述可知錢江潮的兇猛。另外，錢塘江自古江道多變，南北擺動頻繁，成為錢塘江另一災害。清代及以前，受技術手段的限制，錢塘江防治工程採取修築海塘「以防為主」的防治理念。這種防治理念的缺陷在於：如果發生江道變遷，江岸便會坍塌，導致新修築的海塘步步後退〔註3〕，從而拉寬錢塘江南北兩岸堤距。與此同時，錢塘江江道變遷後會有 3～5 年或 10 餘年的穩定期，此間兩岸海塘之間的江岸會淤積成灘，江灘被當地百姓開發利用。

　　清乾隆四十一年（1776 年），錢塘江江道水勢走北；乾隆四十三年（1778 年），中小門全部淤塞，江流主槽穩定在北大門。隨之，南大門、中小門故道相繼淤塞，原海寧南沙與蕭紹海塘外廣袤沙地相連，與海寧縣隔江相望，形成南沙灘地的雛形。錢塘江南岸受潮力作用以淤漲為主，自古便有圍墾灘塗、開墾土地的記載。江流走北，南沙江灘不斷淤漲擴大，當地百姓圍墾灘塗，種植作物，形成鄉鎮。因南沙歸屬權問題，海寧與蕭山訴訟官司不斷，直至清嘉慶十八年（1813 年），南沙被劃歸為蕭山管轄。

　　南沙西起浦沿半月山，東至夾灶益農閘，南界為北海塘，北界在沿赭山、白虎山、青龍山、蜀山一線，東至新灣丁壩，再折而南下。據宣統三年（1911 年）浙江勸業道《稟撫憲文》記載：「光緒十八年（1892 年）以前，（西興）塘外沙地成圍，來往行人均視為康莊大道，幾忘其為捍海之塘」。此後，沙地逐漸坍塌，宣統三年（1911 年）閏六月十六、十七日「風潮異常激烈，北海通自西興驛至荏山（今稱常山）一帶石塘甚少、土塘居多，塘外護沙以北剝削幾盡，

〔註1〕李約瑟博士此處的表述有誤，應為向「下游」行駛的船很難駕馭。因潮水是從下游向上游衝入。此觀點為韓曾萃先生提出。

〔註2〕〔英〕李約瑟，中國科學技術史天文卷〔M〕，北京：科學出版社，1975：760～761。

〔註3〕新修築的海塘之所以步步後退，是因為清代以前只能在江灘上開展海塘修築工程。

而尤以俞家塘（今俞家潭一帶）、富家塔等處為最甚，危險形狀，不堪言喻」。
〔註4〕此後，南沙逐漸出現漲灘，恢復原狀；多年後，錢塘江江道變遷，制止南沙坍江成為錢塘江防治工程的重要工作之一。

「民國三年（1914 年）以前，南沙略呈方形，東西計五十餘里，南北亦有四十餘里。1918 年以後則東西僅長四十里，南北僅中心尚有四十里，已非方形，面積縮小甚多。」〔註5〕此時，赭山、何莊山之西及蜀山以北，尚有廣泛沙地，寬約十里，皆為開發的熟地，村莊非常稠密。

1927 年，錢塘江江流南侵，（西興）土塘沖毀，第一碼頭樁身動搖，蕭公路江邊公交站房舍上移以避江坍；江心逐漸出現淤灘長約 2 公里，輪渡往返（西興至杭州）必須上下繞道需 1 小時才可抵達對岸。同時，錢塘江下游南沙江岸發生坍塌。〔註6〕同年，西興江岸坍塌，土塘沖毀。1928 年，因南沙坍塌，岸線南移 30 里，散失熟地 38 萬畝。自光緒二十五年（1899）至民國十七年（1928 年），赭山、白虎山以西的沙地逐年坍失，江流有重歸南大門之勢。面對日益嚴重的南岸坍江之勢，保住南沙江灘之上的村莊和市鎮（詳見圖 1-1），整防治道、阻止坍江成為錢塘江工程局的首要任務。

圖 1-1　1931 年蕭山南沙市鎮示意圖

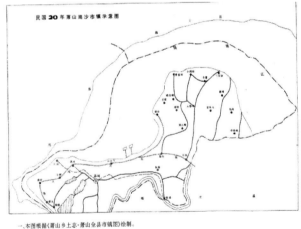

〔註4〕〔民國〕張宗海等，浙江省蕭山縣志稿卷三水利〔M〕，臺灣：成文出版社有限公司，民國二十四年。

〔註5〕朱庭祐、盛莘夫、何立賢，錢塘江下游地質之研究〔J〕，建設月刊，Vol.2，No.2，1948。

〔註6〕浙江省水利局，浙江省水利局總工作報告（民國二十一年至民國二十四年）〔R〕，民國二十四年。

　　坍江和潮災引起了當時浙江省政府的關注。1928 年 7 月，浙江省建設廳廳長程振鈞令錢塘江工程局局長戴恩基關注海塘和坍江情況，指出：「兼旬以來，梅雨連綿，江水暴漲，錢塘江兩岸杭州清泰門外觀音堂附近及蕭山沿江沙田聞有淹沒情事，究竟江水盛漲若何？各段塘岸有否坍損之處？均應切實查明呈報，以憑核奪合亟，令仰該局遵辦勿延，切切。」〔註7〕可見，潮災和坍江已成為當地政府的急務，亟需採取有效措施進行治理。

　　民國時期，南沙坍江成為錢塘江防治的頭等大事，坍江不斷，且持續數年。南沙頭蓬地區自 1942 夏開始至 1946 年 4 月，持續發生坍江，坍沒農田十萬二千畝，「沿江居民紛紛徙避，廬舍飄零，流浪人民，何止數萬」。〔註8〕6 月，南沙蜀山以東坍江，三岔埭、小泗埠相繼坍入江中。正值梅雨時節，江水陡漲，坍江復告激烈，每日計坍一百餘步，一般災民之屋宇亦拆遷不及，狂坍不已！「先蜀山以西之紹維廠、高元盛、楊禹盛、橋頭等處，房屋均在拆遷中，至遲一二日恐亦遭波及之虞，……。」〔註9〕8 月 2 日，蕭山坍江已達十六萬華畝，正值秋收之時，農民搶收糧食，多人遭遇坍江，死於非命。〔註10〕8 月 13 日，頭蓬地區坍江距該地僅七百步，該鎮房屋均在遷搬中。南江於 3 日，突然坍江，沿江居民莫不驚恐萬狀。〔註11〕至 9 月潮汛期，再次發生大面積坍江。20 日，南沙及東沙一帶坍江又復劇烈，「嘩嚓」之聲，數里可辨。頭蓬、新灣一帶，坍江嚴重，厥狀至慘，住民拆屋救堤，鬧成一片。〔註12〕9 月 25 日，晚潮甚大，為歷年所罕見。9 月 30 日《東南日報》以「風風雨雨浪滔滔，蕭山坍江加劇，鹽民三百餘人流離失所，廬舍鹽板被毀，損失數達十億」為標題介紹此次坍江情況。

　　1947 年 4 月，報紙相繼報導南沙坍江情形，「南沙小泗埠一帶統計坍進約十里，昔日桑田農舍，今成汪洋一片，損失土地近三十萬畝，經濟損失在五千億以上。」〔註13〕5 月，南沙坍江情勢暫停。6 月，再次發生坍江，9 日《東南日報》以「江濤重襲南沙，頭蓬行將陸沉，楊家樓、新灣底同遭浩劫，水入

〔註7〕中華民國國民政府浙江省政府建設廳訓令第號，中華民國十七年七月。
〔註8〕蕭山南沙水利會請修江南挑水壩〔N〕，東南日報，1946 年 4 月 19 日。
〔註9〕梅雨頻仍江水陡漲蕭山坍江慘烈〔N〕，東南日報，1946 年 6 月 20 日。
〔註10〕滄海桑田，蕭山坍江十六萬畝〔N〕，東南日報，1946 年 8 月 2 日。
〔註11〕蕭山坍江日烈〔N〕，東南日報，1946 年 8 月 13 日。
〔註12〕滾滾而來，紹蕭坍江益烈，住民拆屋救堤，厥狀至慘〔N〕，東南日報，1946 年 9 月 16 日。
〔註13〕蕭山南沙坍江加劇，萬畝良田陸沉，住民請各界協力搶救〔N〕，東南日報，1947 年 4 月 21 日。

店堂，人在浪中掙扎」為題報導此次潮襲情況。自 1947 年 2 月至 6 月間，南沙再次坍去綿地近萬畝。據 6 月 22 日報紙報導：「南沙坍勢極烈，頭蓬東北鬧市已成海底，新灣情勢危急，而南沙赭山一帶新漲沙地計約五萬餘畝。近一月以來，遭山洪與潮襲之夾攻，連日坍勢亦頗為激烈，已遭坍沒達一萬餘畝。災民遍野，哀聲四布，狀殊慘憐。數百年至肥沃南沙，若不急救，江侵沉海底」。〔註14〕錢塘江此次坍江之後，江道有走明末故道的趨勢，即江道重走龕山、赭山兩山間南大門出鱉子門的可能。江流改道，致使受南沙保護的蕭山西陵至紹興三江閘段江塘塘腳暴露，受潮汐沖刷，海塘非常危險。

圖 1-2　錢塘江坍江照片

照片來源：戴澤蘅提供。

圖 1-3　1946 年 12 月 8 日《經濟報》關於「錢江海塘現實與理想」的報導

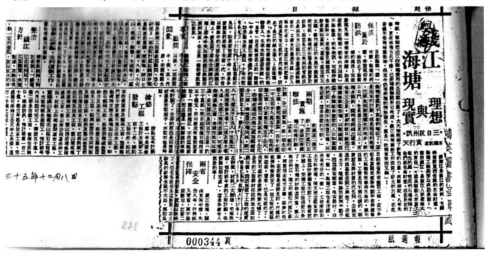

〔註14〕赭山新沙萬畝，沉入海底，南沙命運岌岌可危〔N〕，東南日報，1947 年 6 月
　　　 22 日。

1.1.2 政治背景

1927 年，南京國民政府成立，結束了國內多年軍閥混戰的局面，中國政治形勢日趨穩定。國民政府著手發展國內工農業生產，其首要任務即興修水利。南京國民政府為統籌管理全國水利建設，全國經濟委員會水利處，各地方水利建設由地方建設廳主理，建設廳下轄設立水利局。隨之各地相繼建立地方水利局。同年，浙江省省務會議通過改組成立錢塘江工程局的決議，統一管理南北兩岸海塘及濬治事務。〔註15〕該局確立了專家治江的管理體制，任命畢業於日本東京大學土木工科的林大同（1880～1936）為局長，畢業於北洋大學的徐世大為兼職總工程師，各工程段負責人也要求接受過專業水利教育。自此，開創了錢塘江專家治江的先河。

錢塘江上游干支流分布較多，坡度險峻，下游地勢較平坦但易受潮水倒灌的影響。錢塘江河口段受潮汐影響，平均高潮位較兩岸陸地高出 2 米左右，修築海塘可以防潮災，保護兩岸膏腴之地。但是，海塘工程無法從根本上解決通航和江道擺動問題。伴隨著西方水利科技的傳入，西方水利專家和接受過西方水利教育的專業人才主持錢塘江防治工程，西方治水成果被應用到錢塘江流域防治工程中。與此同時，民國時期國家發展方略受孫中山先生《建國方略》的影響，社會建設以發展交通作為首要任務。由此，浙江省政府認為：應從根本上解決錢塘江問題，最為主要的是發展水道交通。〔註16〕這一思想和理念也影響了錢塘江防治方略制定者的設計理念，幾位設計者均以解決航運問題作為防治工程的首要任務。

1.2 首個防治理念的提出

根據筆者所掌握的資料，最早提出錢塘江防治設想的是錢塘江海塘工程局杭海段工程師須愷〔註17〕。1927 年 11 月，須愷向浙江省政府上呈錢塘江防

〔註15〕籌設錢塘江工程局案〔J〕，浙江建設月刊，1927（1）：5，俞衍升、岳元璋，中國水利百科全書·水利管理分冊〔M〕，北京：中國水利水電出版社，2004：241。

〔註16〕西湖博覽會浙江省建設宣傳大會，水利組第三號，關於杭州錢塘江江岸之整理工作，藏於上海圖書館。

〔註17〕須愷（1900～1969），江蘇無錫人。1917 年畢業於南京河海工程專門學校。1921～1922 年任美國加州探洛克灌溉局製圖員，1922～1923 年在美國加州大學灌溉系讀書。1924 年回國，先後在浙江省水利局、陝西省水利局、南京第四中山大學、華北水利委員會、導淮委員會等單位工作任職。1950 年，任水利部

治意見，該意見書引起當時浙江省主席何應欽的注意。浙江省政府特發政令：「要求總工程師與各轄段工程師協商治本方略，及治標工程方式」。〔註 18〕

須愷（1900～1969）〔註 19〕，1915 年考入南京河海工程專門學校首屆特科班。1917 年，須愷以優異成績畢業，先後任職於江蘇省江北運河工程局和天津順直水利委員會。因工作出色，1920 年被推薦赴美國加利福尼亞州的吐洛克灌區（Turlock Irrigation District）工作。1922 年進入舊金山的美國加州大學灌漑係學習，曾到伊利諾斯州、紐約州和芝加哥等地實地考察水利工程建設情況。1924 年獲得碩士學位後歸國。

他的教育背景和工作經歷引起錢塘江海塘工程局領導的注意，1927 年受聘擔任杭海段工程師。隨之對錢塘江流域展開現場勘察，他認為修築海塘不能解決錢塘江潮患和江道變遷的問題，應實施治本之策。同年 11 月，須愷向浙江省政府上呈《略陳錢塘江治理意見書》，提出以「治」為主的流域防治方案，具體內容如下：〔註 20〕

首先，上游綜合開發，利用上游河流比降進行水利發電。

其次，江道整治，阻止坍江。修築挑水壩濬治江身，防止潮流衝擊，實現治本方略。

第三，倡導開展基礎科研。他建議開展水學（今水文學）測量、地形測量，獲取河流流速與流量、潮位、潮流流向、潮力、風力變化、含沙量等基礎數據資料。

第四，長遠規劃：修築海塘，建設海港，疏通江道。在江道整治和海塘修築的基礎上，錢塘江河口段修築海港；疏通南大門、中小門，使其重新成為江流主道。

規劃司司長，技術委員會主任，設計局局長，水利部副部長，水利部北京勘測設計院院長，水利電力部勘測設計總局總工程師，水利電力部規劃局總工程師。參見：中國水利百科全書編輯委員會，水利電力出版社中國水利百科全書編輯部編，中國現代水利人物志〔M〕，北京：水利電力出版社，1994：328。

〔註 18〕中華民國國民政府浙江省政府令建字第號命令令錢塘江工程局——呈一件呈送工程師須愷略陳治理錢江意見書由〔J〕，浙江建設廳月刊，民國十六年：40。

〔註 19〕須愷，江蘇無錫人。曾任職於浙江省水利局、陝西省水利局、南京第四中山大學、華北水利委員會、導淮委員會等單位。參見：中國水利百科全書編輯委員會，水利電力出版社中國水利百科全書編輯部：《中國現代水利人物志》，北京：水利電力出版社，1994 年，第 328 頁。

〔註 20〕須愷：《略陳錢塘江治理意見書》，民國時期期刊全文數據庫（1911～1949）〔J/OL〕。

第五，統一管理機構。他建議將海塘修築、江道整治、測量等各項工程由同一組織機構負責。

圖1-4　何應欽關於須愷上呈錢塘江防治意見的回覆

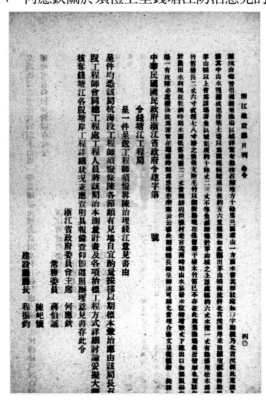

須愷的治理方案引起當時浙江省主席何應欽的注意。浙江省政府特發政令：「要求總工程師與各轄段工程師協商治本方略，及治標工程方式」。〔註21〕須愷所提出的治江設想是由國人提出的首個錢塘江治本理念，徹底改變了幾百年來固守的以「防」為主的治江思想。他的設想是一項宏大的工程計劃，涉及基礎科研、流域綜合開發、江道整治、江道主流流路、設置海港及管理等多個方面的內容，其中大部分治理設想在後續工程中被實施，除「重開南大門、中小門」和「建設海港」外。

受政治因素影響，須愷未能執掌防治工程，1928年離開杭州任職南京。但是，他的設想開啟了錢塘江防治工程的新時代，防治理念從「防」轉為「治」，

〔註21〕浙江省政府：《中華民國國民政府浙江省政府令建字第號命令令錢塘江工程局──呈一件呈送工程師須愷略陳治理錢江意見書由》，《浙江建設廳月刊》1927年：第40頁。

力求「防治結合」，這是錢塘江防治理念一次根本性的變革，直接影響著此後開展的防治工程。

1.3 白郎都（Ludwig Brandl）方案

1.3.1 防治方略的內容

1928 年 8 月，錢塘江工程局被擴充改組為浙江省水利局，負責整治江道、修築海塘及全省水利建設。水利局沿襲了海塘工程局專家治江的管理理念，組織規程規定：「由專業工程技術人員擔任工程處處長，其下轄的杭海段海塘工程處、鹽平段海塘工程處、紹蕭段塘閘工程處負責人也必須為專業出身的工程技術人員，另配備有助理工程師。」[註22] 這一管理原則在政派鬥爭激烈的國民政府時期顯得尤為重要，為科學治江奠定了堅實基礎。

南京國民政府成立初期，內部派系鬥爭激烈，直接影響著關鍵部門主要領導的任命。此時，「親德派」居於政府領導層的主導地位。張靜江（1877～1950）[註23] 任浙江省省主席，受其資助和提攜的朱家驊任浙江省民政廳廳長，一直追隨張的曾養甫（1898～1969）[註24] 任浙江省建設廳廳長，建設廳管轄著省內與建設相關的所有部門，包括水利局。受此影響，浙江省政府聘請留德博士戴恩基（1894～不詳）[註25] 為水利局局長，奧地利水利專家白郎都（Ludwig

[註22] 浙江省政府委員會：《浙江省政府委員會會議四月二日第九十七次會議：浙江省水利局組織規程》，《浙江省建設月刊》1928 年第 40 期：第 15 頁。

[註23] 張靜江，浙江湖州人，出身江南絲商巨賈之家，早年支持和資助孫中山革命活動，國民黨元老之一。

[註24] 曾養甫，廣東平遠縣人，1923 年畢業於北洋大學，後赴匹茲堡大學深造，獲礦冶工程師學位。曾主持建設錢塘江大橋、浙贛鐵路、滇緬鐵路等工程項目，學者稱其為「中國土木水利（交通）建設之父」、「孫中山建國方略實踐第一人」。

[註25] 戴恩基，1894 年出生，英文名 Tai En-chi。1914 年前後赴德留學，畢業於德國工程大學。學成歸國後，任教中山大學。1928 年任錢塘江工程局、浙江省水利局局長。1932 年擔任中國航空公司總經理直至 1937 年抗戰爆。學成歸國後，戴恩基一直追隨朱家驊輾轉任職各地。當朱家驊代理中山大學校務，兼任廣東省民政廳長期間，戴恩基成為中山大學天文臺的第一個設計師，後出任佛山市市長；朱改任浙江省民政廳廳長，戴出任浙江省水利局長，1932 年朱出任交通部長兼中國航空公司董事長，戴擔任中國航空公司總經理。轉引自：陳曉平：《當天文遇上政治——張雲和中山大學天文臺》，《信息時報》2013-8-17，（B16）。

Brandl）為總工程師。其中，戴恩基與朱家驊為留德同學，兩人關係緊密；另，其兄長為著名法學家戴恩賽〔註26〕。白郎都曾任職於多瑙河防治工程委員會，具有治理多瑙河的實踐工作經驗，他的專業背景、工作經歷使其成為總工程師的有利人選。

浙江省政府希望通過實施錢塘江防治工程能夠達到除害興利的治江目的，首先要解決通航問題，其次是在下游杭州灣的乍浦、澉浦一帶建設東方大港，踐行孫中山先生的建國設想。〔註27〕

白郎都接受任務後，於 1929 年 11 月 7 日至 16 日對錢塘江自閘口至龍游前驛關一帶進行全面考察。因為錢塘江江道多變，河道壅塞且潮沙洶湧，只能通行駁船和小型船隻，只有熟悉江道的老船工才能駕駛。在老船工的陪伴下，白郎都對錢塘江上下游展開了現場查勘和考察。考察結束後，撰寫了一篇德文版錢塘江整理計劃書，即《錢塘江之整理計劃》。

白郎都所提流域防治規劃方案是以詳細的流域地圖和水文觀測數據為基礎。他認為浙江省內缺乏流域的測繪和水文資料，應首先開展測量和水文工作，並提議開展飛機測量。浙江省內的測量、勘測、水文、氣候等基礎研究工作由此逐步建立。同時，海塘歲修工程和護岸防坍工程繼續開展。

白郎都在防治方案中提出「急思根本防治，以利航運，所預定之方針，大致在使該江河床於最低水位時，亦得暢行輪舶。並酌建平水縱壩，以防岸地坍決」。〔註28〕因此，該方案制定了錢塘江防治工程急需開展的四個方面的工程，即河床整治、溝通運河、南沙保坍、閘堰護塘。

〔註26〕戴恩賽（1892～1955），原籍廣東省長樂縣（今廣東省梅州市五華縣），清光緒十八年（1892）出生於香港。民國 2 年（1913）畢業於上海聖約翰大學堂，後就讀北京清華留美預科學校。民國 3 年（1914）入美國哥倫比亞大學攻讀國際法，民國 7 年（1918）獲法學博士學位，同年回國。回國後，任廣東軍政府外交部秘書、政治組組長。民國 10 年（1921）任梧州市政廳廳長。民國 10 年（1921）3 月與孫中山次女孫婉在澳門結婚。民國 14 年（1925）孫中山病重時在北京侍疾，為孫中山遺囑證明人之一，並為孫中山守靈，題寫輓聯：「三民主義，闡化萬方，九原應無遺憾；半子恩情，侍疾累月，寸心唯以永傷。」民國 17 年（1928）任廣東治河督辦。民國 18 年（1929），參加孫中山奉安大典，同年任駐巴西公使。民國 26 年（1937）4 月任財政部粵海關監督，民國 27 年（1938）10 月至民國 35 年（1946）8 月，任總理故鄉紀念中學校（今中山紀念中學）代理校長。1949 年 10 月，留居澳門生活。

〔註27〕孫中山：《建國方略》，北京：中國長安出版社，2011 年：第 99 頁。

〔註28〕白郎都，錢塘江之整理計劃〔J〕，浙江省水利局年刊，民國十八年：24～32。

（1）河床整治

當時西方治河主要採取「縮狹江道」的方式來滿足和實現通航，此次對河床的整治也採用了此種方法，具體如下：第一，錢塘江北岸自閘口三郎廟一帶江岸向外填築 600 公尺，修築新堤壩，新、老兩堤之間實施促淤工程，形成平陸；第二，新堤壩之外拋重、大塊石，並以塊石鋪砌坡面，以抵禦江流；第三，南岸修築平水堤壩一座，以保護南岸海塘，同樣拋置重、大塊石，以塊石鋪砌坡面；第四，距北岸 1600 公尺的地方，建洪水堤壩一座，與上游聞家堰堤壩相連，建成新的碼頭。該河床整治方案將江道控制在 1600 公尺的寬度，以實現南岸保護農田，北岸停靠船舶，江道水深有利於航行。

（2）溝通運河

民國時期，京杭運河南段到杭州的湖墅為止，與錢塘江並不相連，雖只相距 25 里，但因相互不通，貨物的運輸需經杭州城內多條河流轉運方能到達，增加了運費和運輸時間。此時測量工作尚未開展，白郎都設想了三條溝通的線路：第一條路線，自拱宸橋經杭州東至七堡入錢塘江；第二條線路，自拱宸橋利用杭州城內河道，經三郎廟東南出口；第三條路線，自拱宸橋利用杭州城內河道，經閘口西北出口。白郎都希望待測量工作結束後，分析利害，擇優選擇溝通方案。方案計劃在新河的入口處修建船閘一座，閘外建築港塢，閘邊建築港灣，港灣上修築鐵路，銜接外部鐵路總線，便於船舶在港灣內裝卸貨物，並修建道路，直通杭州市內。

（3）南沙保坍

自清光緒二十五年，錢塘江江道再次發生變遷，有重回南大門之勢，南岸自西牧鄉開始逐漸坍塌。1911 年（宣統三年）、1912 年（民國元年）、1914 年（民國三年）、1916 年（民國五年），1918 年（民國七年）、1922 年（民國十一年）、1926 年（民國十五年），錢塘江南岸灘地連年坍陷，西牧鄉全部坍盡，龕山、赭山、西倉等鄉也坍沒大半，約 38 萬餘畝。此段河身坍成為大灣，河寬由 11 公里坍放至 16 公里。

錢塘江坍陷江岸，江道變遷，是數千年來的不治之症。錢塘江南北兩岸有句俗語「火燒一半，坍江全完」〔註29〕，真實描述了坍江的災害。1928 年春，

〔註29〕 「火燒一半，坍江全完」此諺語的意思是：房子著火搶救及時還可以保留半邊的房子；發生坍江，房子會全部坍入江中。

東鄉自治會沈定一等呈請省政府及錢塘江工程局設法救濟。浙江省水利局派員勘查，制定了第一期的工程治標計劃，用亂石築挑水壩，分甲乙兩種長度不等，進行分段建設。後因江道多變，計劃也多次變更，防治方案由初期的治標計劃改為治本計劃。

（4）聞堰護塘

錢塘江聞堰段正處於錢塘江「之」字形轉彎處，其上游為浦陽江入錢塘江口處，兩江匯合處水勢急湍，聞堰段地處要衝，形勢極為危險。該江段海塘年久失修，塘腳已逐漸被損壞，塘底也被搜空，河岸逐漸坍陷，開始危及塘身。白郎都制定的修築方案為：擬修築潛水壩 8 座，直接阻緩水流，間接可使河底逐漸淤漲，以保塘岸，明確規定了潛水壩的修築標準；同時，修築護岸石坦兩處，以保塘腳。工程實施過程中，因經費有限，首期僅修築江底潛水壩 4 座，護岸工程的坦水，由原計劃的四公尺改為二公尺。受財力所限，護塘方案只能根據江道變化情況不斷調整。

圖 1-5　1929 年錢塘江江道整治規劃圖
（Figure1-5 Qiantang River Prevention and Harness Plan in 1929）

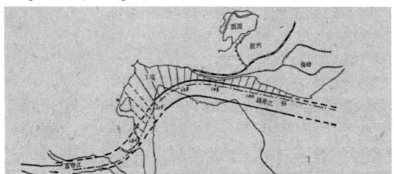

資料來源：張書農，《治河工程學》，p465。

1.3.2 防治理念的特點

白郎都（Ludwig Brandl）作為西方水利專家，來到中國負責錢塘江防治工程，將西方的治水理念與中國政府對流域開發防治的需求相結合，提出了解決問題的設想和方案。該方案的主要特點如下：

　　第一，提出了「縮狹江道」的防治理念。白郎都提出通過「縮狹江道」來改善航運條件，以滿足政府的治江需求。「縮狹江道」的理念為後來從事錢塘江防治工程的專家學者所接受，成為錢塘江防治工程的關鍵技術理念，一直貫徹於現代防治工程的全過程。

　　第二，提出「築堤促淤」的防治方略。防治工程為實現縮狹江道的目的，通過修築新堤壩，實行促淤；為保護新的堤壩，堤外拋築石塊。

　　第三，提出通過修築不同類型堤壩，實現護塘和修建碼頭的目的。

　　第四，提出了將運河與錢塘江溝通方案，從而解決航運不通的問題。

　　第五，修築挑水壩，防止江岸坍塌。

　　第六，修築潛水壩，制定修築標準，保護海塘。

　　第七，強調基礎科研，並積極推動飛機測量工作。

　　白郎都（Ludwig Brandl）提出的錢塘江防治理念以解決通航問題作為首要任務。但是，解決通航問題的根本在於江道整治。該方案為解決這一問題而提出「縮狹江道，增加水深」的防治理念，這一理念和思想是西方治水所採用的常規設計理念。另一方面，白郎都受西方實證科學思想的影響，重視基礎數據的收集整理，積極推動水文測量、測繪等基礎科研工作。基礎科研的起步為錢塘江防治工程未來防治方略的制定奠定了良好基礎。白郎都一直積極推動開展飛機測量工作，該項工作的開展在中國是首創。新技術、新方法的應用有助於基礎科研的發展、數據資料的獲取。同時，飛機測量工作還有著另一層政治經濟因素的影響，開展此項工作，中國將從德國進口大批的儀器設備和專業人員，為德國飛機製造業及其相關產業開拓中國市場。

　　1928～1931 年，白郎都（Ludwig Brandl）擔任總工程師期間，按照既定的防治方案，各項防治工程逐步開展，除溝通運河工程因水文和地形測量工作未完成而沒有展開外。工程實施過程中，根據現實情況，南沙保坍和閘堰護塘工程多有調整。

1.4　張自立方案

1.4.1　防治方略的內容

　　1931 年，浙江省領導層發生變動，水利局主要領導也隨之進行調整，「親英美」派開始走上政治舞臺。省政府改聘曾留學美國的張自立（1895～

1977）〔註30〕擔任局長兼總工程。這也使錢塘江防治工程由「親德派」負責轉入「親英美派」負責，即由接受德國等東歐國家水利教育的專業人士負責轉為由接受英美國家水利教育的專業人士負責，這與國民政府高層政治走向的轉變密切相關。我們對社會政治背景的分析和對工程技術人員教育背景的分析，有助於我們清晰認知接受不同國家水利教育的專家對錢塘江防治工程所產生的影響。

張自立接管錢塘江海塘工程局全部工作後，繼續開展已經實施的防治工程項目，包括南沙護坍、閘口西興間的江岸整理工程和北沙挑水壩工程。根據工程開展的情況、已取得的效果及存在的問題，張自立進一步完善和調整防治方案。與此同時，張自立著手制定新的錢塘江防治方案。

圖1-6　1932年錢塘江治理規劃圖

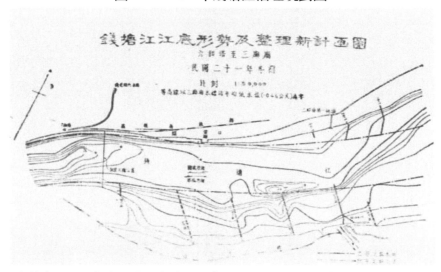

資料來源：兩年來錢塘江海塘工程與錢塘江治理，浙江省水利局，1933。

1932年12月30日，浙江省水利局發表《修治錢塘江與整理海塘之意見》提到：「錢塘江之修治與海塘之整理關係尤為密切。為航運之便利計，為農田之蓄泄計，為沙地之保坍計，為海塘之安全計，均有亟施整治之必要。」〔註31〕該方案認為應分三步開展防治工程，即：實施地形和水文測量、擬定治本

〔註30〕張自立，自若岩，湖南安化人。畢業於美國伊利諾斯大學鐵路土木系。歷任京綏鐵路、順直水利委員會、漢口水電公司、建設委員會水利處副處長，浙江省水利局局長兼總工程師，兼任中國水利工程學會總幹事、浙贛鐵路局代局長、局長。

〔註31〕浙江省水利局，修治錢塘江與整理海塘之意見〔R〕，1932。

計劃、分期漸進實施工程。根據當時河流現狀和歷年洪水潮汛情形，1932 年 12 月 30 日，浙江省水利局發布《整理錢塘江之意見》，文中提到：「錢塘江之修治與海塘之整理關係尤為密切。為航運之便利計，為農田之蓄泄計，為沙地之保坍計，為海塘之安全計，均有亟施整治之必要。」〔註32〕由此可知，防治工程的任務要求並未改變。張自立認為應分三步開展工程，即：實施地形和水文測量、擬定治本計劃、分期漸進實施工程。他更強調流域的綜合開發利用，根據錢塘江上、中、下游的特點制定相應防治方略，具體內容如下〔註33〕：

（1）上游建築攔洪堰壩。在河流上游選擇適當的地點建築攔洪堰壩，以蓄江水避免洪水直瀉，此方法有助於航運，亦對下游防洪有利。

（2）中游實施護岸及防洪工程。計劃自桐廬至杭州一段修築挑水壩、潛水壩及護岸工程，防止兩岸坍毀，使水道歸一；利用水流沖刷江底淤積的砂土，將其沖刷流入海中。方案重新布置設計原挑水壩和潛水壩，新設計的江道更為順直。

（3）縮狹下游過闊的江面。方案延續了「縮狹江道」的防治理念，提出自三廊廟以下實施縮狹工程，來實現瀋防治底、整理杭州灣出海口、低水位通航的治理目的。

（4）「自下而上」的防治理念。張自立建議工程實施應從下游開始，通過下游整理江道工程獲得收益，如：增漲沙地獲取土地收益、發展生產等，減輕政府負擔，促成中、上游整理計劃的完成。

方案對海塘修築工程的治理，主要觀點如下：海塘治本工程不僅僅是修造塘身、整理坦水、挑培附土，還應將遼闊的江面縮狹、瀋防治底、束流歸槽，維持一定水深；只有這樣潮浪才能低落，潮患也可以減輕。此類工程實施後，海塘可以穩固，輪舶亦可暢馳於錢塘江內外。因此，錢塘江防治工程首先要興築潛水壩、挑水壩、順水壩，以實現縮狹江面、刷深江底，使海塘外沙塗增漲，潮浪不再直擊塘身。錢塘江海塘工程治本之策應以整治江道、修築壩工作為起點。

海塘治本，工艱巨費，一時難以實現。工程技術人員為求海塘穩固，採取分步驟實施的辦法，開展江道整理計劃。同時，浙江省水利局積極籌措資金，

〔註32〕張自立：《整理錢塘江之意見》，《水利月刊》1933 第 56 期：第 54 頁。
〔註33〕浙江省水利局：《兩年來浙江海塘工程與整理錢塘江工程》，《建設月刊》1933
　　　　年：第 15～22 頁。

修築已出現險情的海塘。當時，急需修築的海塘塘段共有三段：一是杭海段「溪」字號至「塞」字號，除已拆築「密、丼、嵌、宗、禹、跡、頗、牧」等字號新塘 566 米外，計長 5386 米；二是鹽平段「善」字號至「忘」字號，除前已整理東增、西增字號長 128 米外，計長 3328 米；三是鹽平段「莫」字號至「忘」字號，除已整理「五、四、發、在、鳳、鳴」等字號 423 米外，計長 2457 米。三段險塘總長 11171 米，約需工料錢 1615270（大洋）。

總體來看，張自立在繼承前任防治理念的基礎上，將著眼點放在整條流域的開發利用上。他更強調下游治理的重要性，提出以治江獲利來反哺防治工程。值得注意的是，張自立側重於將江道設計為順直，且提出「自下而上」治理理念，這是防治理念的又一次發展，並付諸實施。工程實施過程中，布置更多丁順壩，且加長原有壩體長度，對北岸六合塔段江道實施了「裁彎取直」[註34]工程，為防治工程的進一步開展奠定了可借鑒的經驗。

1.4.2 防治理念特點

張自立所制定的錢塘江防治方案考慮到了防治工程的長遠目標，涉及航運、農田排灌、防坍和海塘安全四方面，將航運放在首位。這與白郎都的防治理念相同，這也是政府最主要的防治需求。但是，長遠防治方略的確立需要長時間段的基礎調研數據資料為支撐，資料的不足導致防治計劃不具體，防治方案無法全面實施。張自立在認同白郎都「縮狹江道」防治理念的基礎上，明確提出下游江面過寬，應予縮狹，定性地確立錢塘江河口段江道防治方略。

張自立認為錢塘江的主要問題：上游坡勢險峻、水流湍急，遇山洪爆發，會造成堤防潰決，田廬漂沒；下游沙地，因江道變遷、水勢變易無恆，兩岸漲灘遇洪水而坍損。另外，錢塘江河口段潮汐沖刷猛烈，海塘每年拆修搶險工程需投入巨大的人力、物力和財力。因此，他提出錢塘江整治工程應以便利航運、農田蓄洩、沙地護岸、海塘安全[註35]為原則進行防治。

錢塘江防治方略的完善需依據水文和地形測量等實測數據資料，並對其進行分析，才能制定詳細的防治方案。在基礎科研尚未完成之前，張自立根據歷年洪水潮汛情況僅能制定短期規劃方案，根據上、中、下游的不同特點制定

〔註34〕裁彎取直，即將原本彎曲的江道通過治理使其變得順直。錢塘江河道取「直」還是取「彎」的問題一直困擾著工程技術專家。
〔註35〕張自立，整理錢塘江之意見〔J〕，水利月刊，No.5～6，1933：201。

總體的防治方略：錢塘江上游建築攔洪堰壩、中游施行護岸及防洪工程、下游束狹江面。

　　錢塘江防治工程開展後，自 R105 壩完成之後，錢塘江上游形成一個大灣曲影響江流；六和塔與對岸江嘴凸出處距離太遠，淤漲效果不明顯。根據實際情況，張自立建議增築挑水壩，使六和塔至三郎廟間形成整齊的河槽，對河道實施裁彎取直，以利於下游北沙、南沙的淤漲。

　　張自立的防治理念較白郎都的防治理念有了很大的進步。首先，張自立從全流域考慮河流問題，根據不同江段的不同特點制定相應的防治方略；其次，張自立確認了「縮狹江道」的防治理念，尤其是縮狹下游江道；第三，張自立提出「標本兼治」的防治理念，這是錢塘江防治理念的一大進步；第四，面對六和塔至三郎廟江段出現的新情況，張自立提出了「裁彎取直」的防治方略。

1.5　系統性流域綜合防治方案的提出

1.5.1　歷史背景

　　1935～1945 年抗日戰爭期間，浙江省政府內遷至浙北山區的麗水，錢塘江海塘成為敵我雙方作戰的前線和掩體，政府無暇顧及錢塘江防治工程，又恢復到保塘不保灘的狀況。工程失修、戰事不斷，海塘、挑水壩損毀嚴重。對日抗戰勝利之時，錢塘江海塘已千瘡百孔、坍損嚴重。

　　1942 夏至 1946 年 4 月間，錢塘江江道再次南遷，南岸南沙一帶持續發生坍江，相繼坍沒農田十萬二千畝。〔註36〕至 1947 年 6 月底「南沙坍勢極烈，頭蓬東北鬧市已成海底，新灣情勢危急，而南沙赭山一帶新漲沙地計約五萬餘畝。……數百年至肥沃南沙，若不急救，江侵沉海底」。〔註37〕此次坍江之後，錢塘江江道有重走南大門之勢。江道變遷致使蕭山西陵至紹興三江閘段江塘塘腳暴露，每日受潮汐沖刷，危及塘身安全。

　　1945 年抗戰結束時，錢塘江北岸險段石塘出現長達 3 公里的坍塌，此事引起蔣介石的關注，特撥付搶修經費，成立浙江省海塘工程緊急搶修臨時工程處。1946 年，浙江省重新組建錢塘江海塘工程局，專門負責海塘修築工程，

〔註36〕　《蕭山南沙水利會請修江南挑水壩》，《東南日報》1946-4-19。
〔註37〕　《赭山新沙萬畝，沉入海底，南沙命運岌岌可危》，《東南日報》1947-6-22。

任命茅以升（1896～1989）〔註38〕為局長，汪胡楨（1897～1989）〔註39〕為副局長兼總工程師。〔註40〕

　　1946年8月1日，在茅以升任局長的前一周，他召集中外水利專家，組成中外專家考察團對錢塘江展開為期一周實地調研工作。專家組除對海塘修築提出意見和建議外，還對錢塘江的防治問題展開討論。專家普遍認為：「錢塘江自杭州以下，江面驟寬，水流散漫，左馳右突，無一定的深泓，加以巨大的沖刷作用引起流沙的激動，以致兩岸灘地此漲彼坍，無時或已。所以整理方法應採用丁壩和順壩控制水流於固定中泓內，使每日潮汐往來，或山洪暴發時所挾泥沙，都在中泓之外自行沉積，經年累月，則中泓以內益見其深，中泓以外益見其淺，不僅流水效率可以增進，而且舟楫往來也有航道可循，而兩岸漲灘，可以化為隴畝，現有的海塘便處於不重要的地位了，這是治本的計劃。」〔註41〕

　　除中外行業專家外受邀參與此次考察活動外，還有多位記者隨行。通過此種方式，茅以升希望外界能夠瞭解錢塘江的真實情況。隨後記者對茅以陞進行採訪，以新聞報導方式向社會傳達錢塘江防治的重要性及防治理念。茅以升談到：「中國三大河工——黃河、運河、錢塘江，運河為溝通漕運的工程。黃河、錢塘江主要任職人員在戰後均移交至新成立的塘工局。錢塘江坍江泛濫史不絕牘。黃河泛濫，為害一年，過次一年，被泛濫地區所沉澱的土地都將變成沃土。而錢塘江被潮水沖刷後的土地鹹質，淤積的土地無法耕種。錢塘江的為患之烈，還在黃河之上。錢塘江的難修，是在水流的問題，江水由上向下流，海潮則自下向上沖摯，潮迅時洪流挾泥沙沖刷以去，日復一日，年復一年，使海塘基礎逐漸毀壞。加以海塘年久失修，以至於到處坍圮，終於險象環生。」〔註42〕通過此段文字，讀者可以瞭解到錢塘江問題之嚴重，加之錢塘江海塘所守護的兩岸平原是國家賦稅的主要來源地。

〔註38〕茅以升，字唐臣，江蘇鎮江人。1916年畢業於南京國民政府交通部唐山工業專門學校，1917年獲美國康乃爾大學土木專業碩士學位，1919年獲美國卡耐基理工學院工學博士學位。1934年至1937年任浙江省錢塘江橋工程處處長（掛此職到1949年）主持修建錢塘江大橋。

〔註39〕汪胡楨，浙江嘉興人。1917年畢業於南京河海工程專門學校（現河海大學），後留學美國，1923年獲康乃爾大學土木工程碩士學位。中國現代水利專家，中國科學院學部委員。

〔註40〕《錢塘江海塘工程局成立》，《浙江經濟經濟動態》，民國時期期刊全文數據庫（1911～1949）〔J/OL〕。

〔註41〕錢塘江海塘工程視察報告，民國時期期刊全文數據庫（1911～1949）〔J/OL〕。

〔註42〕同上。

茅以升認為：當時最重要的問題是先將三公里被沖毀石塘搶堵起來。以當時的物價水平估算，每修築一公尺海塘需四十億元〔註43〕，三公里約需一百二十億元。此時，海塘修築款一半六十億元用於緊急施工，中央補助二十億元；當時搶修工程已用去七萬萬元，行總（國民政府行政院救濟總署）二十億通過以工代賑的方式補助，地方二十億元仍在籌措之中。另外的六十億元用作次要工程，尚無來源。即便一百二十億款項全部籌措到位，用於搶修海塘工程，不過只能做點補苴罅漏的工作。三公里長的海塘於全長的 243 公尺而言，不足全長的 1%～2%。如此巨額的款項尚無法解決海塘修築問題，由此，茅以升談到：「用了這樣巨量的款子，是否能達到目的，還是大成問題。因此，我以為全力來修塘，反不如徹底的來個整理海塘。」

由此，茅以升提出「為今之計，保坍重於修塘，防治重於保坍，防治需穩定河床，使流竄的江水歸槽，最好能使江河變為狹而深，則江上可以通航，兩邊可以剩出土地開墾，並可在上游築壩連同潮水來發電，電力可以供應上海。所以整治錢江要利用錢江的特性，因勢利導，必能事半功倍」。〔註44〕

副總工程師兼設計處處長唐振緒根據這一整治思想，更進一步闡述錢塘江防治方略：「錢塘江自杭州以下，江面聚寬，水流散漫，左馳右圖，無一定的深鴻，加以巨大的沖刷左右引起流沙的激動，以致兩岸灘地，此漲彼坍，無時或已。所以整理方法在採用挑水壩和順水壩範圍水流於一定之中鴻內，益見其深，中鴻意外，益見其淺。不僅水流效率可以增進，而且舟楫往來，也有航道可循，而兩岸漲灘，可以化為隴田。現有的海塘便處於不重要的地位。這是治本的計劃。但是現在海塘，早已腐敗到險象環生的地步。缺口口門，全長達三公里以上，而塘身傾斜，隨時有傾倒之虞者，也有三公里，重要的缺口雖然已經搶修建築柴塘，以御鹵潮，但為了保障兩岸繁密的人口和富饒的肥田，

〔註43〕民國後期，因戰事不斷，為彌補軍費開支的不足，政府加大了貨幣印刷量，導致通貨膨脹嚴重。1946 年 9 月外匯牌價：1 美金＝3000 元法幣；半年後即 1947 年 2 月牌價：1 美金＝1 萬元法幣；1947 年 5 月 4 日牌價：1 美金＝3 萬元法幣。根據《大眾晚報》1947 年 7 月 30 日的資料，在不同的年代 100 元法幣能夠買到：1945 年一條魚，1946 年一個蛋，1947 年一隻煤球或三分之一根油條，1948 年 4 粒大米。源自：譚文熙，中國物價史〔M〕，湖北：湖北人民出版社，1944：432，本文根據茅以升先生講話時間確定以 1946 年的物價為準。

〔註44〕儲裕生，錢塘江工程考察記〔N〕，申報，民國三十五年八月十五日；茅以升，塘工局局長茅以升談整理錢塘江意見〔N〕，東南日報，民國三十五年八月十日第四版。

不能不先恢復石塘，以免疏虞，這是治標的方針。」〔註45〕

通過實地勘察和中外專家建議，茅以升提出「為今之計，保坍重於修塘，防治重於保坍，防治須穩定河床，使流竄的江水歸槽，最好能使江河變為狹而深，則江上可以通航，兩邊可以剩出土地開墾，並可在上游築壩連同潮水來發電，電力可以供應上海。所以整治錢江要利用錢江的特性，因勢利導，必能事半功倍。」〔註46〕他確立了「以江道整治的治本工程作為根本目標，同時兼顧流域的綜合開發利用」的防治理念。

為科學合理的制定錢塘江防治方略，茅以升、汪胡楨兩位局長特聘請中央大學水利系的張書農〔註47〕教授負責該方案的制定。張書農根據已有水文、地形資料，詳細分析探討了錢塘江河口河床、泥沙、潮汐的特點，對錢塘江的河灣問題、淺灘問題、河床擺動問題展開研究，制定防治方案。

1.5.2 對錢塘江河口段的認識

1.5.2.1 河床特點

錢塘江下游防治工程的開展首先要弄清楚下游河床特點，才可以確認河床對潮汐所產生的影響，進而制定防治方案。民國時期，錢塘江下游河口段河床主要有以下幾個特點〔註48〕：

（1）急銳的河灣。錢塘江因多彎而被稱之為「折江」、「之江」，錢塘江自富陽向東，經雁鵝山後，折向東南與浦陽江會合，又折向西北，幾乎成 180 度的轉角，這是第一彎；第二彎位於聞家堰和閘口之間，曲度半徑約 2 公里，轉角 90 度；閘口以下，河床比較整齊，成平緩的彎曲，這是第三和第四彎；再折向東南，成為第五彎；經白虎山、蜀山後，一直指向海寧，成為第六彎，轉角

〔註45〕黃天行，錢江海塘理想與現實〔N〕，申報，民國三十五年十二月八日。

〔註46〕儲裕生：《錢塘江工程考察記》，《申報》1946-8-15；茅以升：《塘工局局長茅以升談整理錢塘江意見》，《東南日報》1946-8-10（4）。

〔註47〕張書農（1910～1997），水利學家。江蘇寶應人，1937 年赴德國柏林工業大學攻讀博士學位。曾任復旦大學、浙江大學、中央大學教授、南京大學教授兼水利系主任。1952 年參與籌建華東水利科學院，任華東水利學院建校籌備委員會委員、教授，曾任華東水利學院副教務長、環境水利研究所所長，長期從事水力學及河流動力學的教學和科研工作，對水流紊動擴散理論上的研究，奠定了我國環境水利新學科的發展基礎，著有《治河工程學》、《河流動力學》和《環境水力學》等。

〔註48〕本部分內容參閱：張書農，治河工程學〔M〕，上海：中國科學圖書儀器公司，1953：465。

約為90度；此後又指向小尖山，為第七彎，先折向東南，再折向東北指向澉浦，江水方入海。錢塘江江彎多，轉角大，使得水流消耗大，阻礙潮波向上游推進。

（2）淺灘多。陳文港以上河段沙灘很多，且易於變動，即江道變遷頻繁。圖1-6為1946年航空測量的錢塘江江道圖，可以明顯看出各沙灘的位置。自四堡以下，水淺沙淤，許多沙灘高於低水位，有些沙灘還高出中水位。陳文港與海寧間有一個大沙灘，將河床分為南北兩槽，北槽靠近海寧，南槽靠近南沙。因兩槽均受沖刷，導致1946年秋，海寧海塘被沖毀，南沙出現大面積坍江。1947年，潮汐沖刷減弱後，南北兩岸出現漲沙。另一方面，江道內的淺灘阻礙潮流上溯，自海寧以上，潮差突然減小。

圖1-7 1946年航空測量錢塘江概況圖

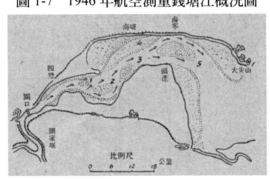

資料來源：《治河工程學》。

（3）河床變化無規律。錢塘江河口河床深淺、寬窄很不規律，小尖山以西陳文港、海寧一帶，水面寬度比較整齊；海寧以上，高水位水面突然變寬，至七堡、四堡附近又突然縮小。因江道寬窄突然變化，導致水流流動能力被削弱，泥沙容易淤積。

錢塘江江道多彎、淺灘多、河床泥沙淤積，導致潮水向上游推進過程中，水流遭遇眾多阻力，漲退潮水流流量減小，漲潮時間比退潮時間短很多，退潮水流不能沖刷漲潮時所淤積的泥沙，使得大量泥沙滯留在江道內。

1.5.2.2 潮汐及含沙量

錢塘江河口防治工程最大的問題在於潮汐和含沙量的獨特，像錢塘江這樣的強湧潮河口，兩岸又遍布著富饒的平原，在世界範圍內都是獨有的，這也增加了錢塘江防治的難度。

在河口防治工程中，潮汐的強弱具有重要的意義，強大的海潮作用下潮水位高低變化很大，河口防治受潮汐影響很大，必須首先認清潮流的性質。錢塘

江潮差大，屬於強湧潮河口。

　　錢塘江潮汐記錄很早，但常有中斷，且無完善的統計數據。潮汐受月球運動作用，按陰曆紀年每月有兩次大潮和兩次小潮。大潮的潮差很大，高水位很高，低水位很低。小潮的潮差很小，高水位較低，低水位則較高。陰曆每月的初一至初三、十六至十八是錢塘江的大潮期。此後，潮差慢慢減小，一周後潮差最小；隨後，潮差又漸漸增加達到最大潮差。在每年的春分和秋分，大潮特別大，被稱為春分大潮和秋分大潮。若大潮遇到風暴，風推動和頂托水流，使水位更高，成為風暴潮。

　　民國時期，在河水流量微小時，潮汐影響區域可以向上游伸展到桐廬，平常可以到達富陽。最大潮差位：乍浦可達 7.17 公尺，澉浦 8.83 公尺，海寧 6.21 公尺，閘口 1.49 公尺。表 1-1〔註49〕為張書農先生在 20 世紀 40 年代根據歷史資料整理出的潮汐統計數據。表 1-2 為 1946 年 10 月錢塘江海塘工程局舉行為期一個月的系統潮汐觀測數據，此次觀測共設置九個觀測點。此次觀測工作在汪幹夫（汪胡楨）指導下由張書農和其他工程師共同完成。此次觀測原則：每隔三十分鐘觀測水位一次，在漲潮時每隔十分鐘一次。每日在潮前潮後各測量含沙量一次，並記載氣候和風向，在各觀測站測量斷面一次。富陽站除觀測水位和斷面外，每日再測流量一次，此次測量最大潮出現在十月十三日，最小潮出現在十月十九日。

表 1-1　1934 年錢塘江各站潮水位統計表

單位：米

站　　名	聞家堰	閘　口	海　寧	八　堡	澉　浦	海　鹽	乍　浦	金山嘴
最高水位	8.690	8.450	7.800	7.940	6.880	6.310	6.160	5.710
平均大潮高水位	6.590	6.665	6.696	6.492	5.194	5.232	5.138	4.501
平均高水位	6.110	6.160	5.990	5.790	4.650	4.860	4.700	4.150
平均小潮高水位	5.719	5.742	5.396	5.204	4.185	4.397	4.364	3.964
平均水位	5.940	5.930	3.670	3.580	1.950	2.050	2.120	2.200
平均小潮低水位	5.523	5.410	1.280	1.439	−0.456	−0.422	−0.130	0.351
平均低水位	5.790	5.680	1.340	1.390	−0.870	0.710	−0.480	0.390
平均大潮低水位	6.087	5.994	1.490	1.213	−1.324	−1.091	−0.856	−0.015
最低水位	4.190	4.200	0.020	−0.990	−2.130	−1.850	−1.620	−0.530

〔註49〕表 1-1、表 1-2 資料源自：張書農，治河工程學〔M〕，上海：中國科學圖書儀器公司，1952：162，452。

根據實測潮水位可以繪製平均潮水位曲線，而平均潮水位、平均流量則是制定標準潮水位和潮流量的依據。在此基礎上，根據各項實測數據，計算制定標準潮波，進而作為河口規劃設計的依據。

表 1-2　1946 年 10 月 9 日至 22 日潮汐觀察數據

單位：米

	富 陽	閘家堰	七 堡	揚家莊	海 甯	陳文港	澉 浦	海 鹽	乍 浦
平均高水位	6.07	6.41	6.42	6.30	6.39	5.88	5.42	5.64	4.62
平均低水位	5.69	6.01	5.86	2.61	2.14	-0.51	-0.84	-0.12	-0.55
平均潮差	0.38	0.40	0.56	3.69	4.25	6.39	6.26	5.76	5.17
最大潮差	1.03	1.18	1.76	5.45	6.05	7.79	8.83	7.70	6.99
最小潮差	0	0	0	1.07	1.88	3.64	3.10	2.92	2.38
平均漲潮時間	0	1:20'	1:23'	2:4'	2:12'	2:24'	5:4'	5:4'	5:5'
平均潮谷傳播時間		1:25'	1:30'	1:14'	41'	28'	3:18'	35'	
平均潮峯傳播時間			1:27'	33'	33'	16'	38'	35'	
潮前平均含沙量				1.930		2.356	0.752		
潮後平均含沙量				2.080		8.850	0.944		
平均含沙量	16.9	4.93		2.005		5.603	0.848		

註：水位高度，以公尺計，吳淞零點以上。

潮差以公尺計：

含沙量，公斤／公尺³。

關於表格中觀測數據的補充說明：

平均大潮高水位：每月記錄分為大潮期（約 7～8 天）和小潮期，再求得大潮期各潮次最高水位的平均數值，得出平均大潮高水位。

平均小潮高水位：與前同，為記錄期間小潮期各次潮高水位的平均數。

平均小潮低水位：則為記錄期間小潮期各次潮低水位的平均數。

平均大潮低水位：為記錄期間大潮期各次潮低水位的平均值。

水位高度：為吳淞零點標高。

1.5.2.3　含沙量

錢塘江每日伴隨潮汐漲落，有大量泥沙湧入。錢塘江的含沙量是江道防治工程最為關鍵的基礎數據之一，對含沙量的檢測可以被理解為錢塘江的輸沙量。每日對含沙量的測量包括潮前和潮後兩個時段，潮前含沙量代表退潮時的泥沙含量，潮後含沙量則代表漲潮時的泥沙含量。平均含沙量與平均漲潮或

退潮總量相乘，可以估算求得平均潮的輸沙總量。

1919 年 12 月，上海濬浦局觀測海寧潮水流量，得到大潮漲潮總流量為 115.6*106 立方米，退潮潮量為 133.6*106 立方米。漲潮輸沙總量 620,320 噸，退潮輸沙總量 334,260 噸，剩餘 286,060 噸。由此推算，漲潮輸沙量為 5.37 公斤／公尺[3]，退潮輸沙量為 2.5 公斤／米[3]。〔註 50〕這組數據是認識錢塘江河流特性的一組關鍵數據，由數據可知，在枯水期間，錢塘江江道淤積嚴重。

因計算方法不同，1946 年的計算數據與 1919 年計算數據有所不同。1946 年，測得澉浦站潮前潮後輸沙量相差 630,000 噸。小尖山以上，兩岸有廣大沙灘；陳文港和楊家莊之間，江心有大沙灘，河槽分為南北兩槽；楊家莊以上河床變淺，七堡以上含沙量變小。

基礎數據的調研是制定江道防治規劃的依據，因缺乏長期有效的系統性實測數據，民國時期所制定的規劃方案無法從跟不上認識到錢塘江所存在的問題。因此，此前各階段的規劃設計者均強調基礎科研工作的重要，在力求治本目標的前提下，先期開展治標工程，待實測數據豐富後再做整體治江規劃。

1.5.3 防治方略的內容

張書農所制定的錢塘江下游防治方略主要涉及三部分的內容〔註 51〕：

A. 錢塘江防治計劃的多元化

錢塘江下游防治工程的總體內容包括防洪、航運和墾殖三個問題，潮水發電問題有待進一步研究。該方案提出：「穩固河床，防止主溜靠近海塘」作為最為重要的工作；通航問題次之，考慮在海寧和乍浦間建立海港。河床穩固後，逐步開展圍墾；上游利用潮差，開展潮水發電，但需進一步研究。

B. 錢塘江下游三種治導方法

（a）擴大和固定河床，使退潮的水流沖刷漲潮時淤積的泥沙，維持必要的水深；（b）在河口中修築兩條長的順壩，造成狹窄的深水航道；（c）做一個攔河壩，根據漲落潮進行啟閉。此三種方案，張書農認為應根據水文、地形資料展開模型試驗，才可以確定具體的工程布置方案。

〔註 50〕上海濬浦局，Report on Hydrology of Hangchou Bey and Chien-Tang Estuary〔R〕，上海，1921。

〔註 51〕張書農，治河工程學（下）〔M〕，北京：中國科學儀器圖書公司，1953：468～469。

C. 錢塘江下游河床整理計劃

張書農根據 1946 年的水文資料，擬定初步河床整理計劃。該方案制定的目的是為了滿足航運需求，實施擴大和固定河床工程，整理後的河床儘量減少潮流的阻力，並且要保持河床平衡，具體措施如下：第一，必須改良河彎，要將急銳的河彎改成平緩的彎曲，或裁彎取直。第二，規劃適當的河床寬度。理想的河床應為喇叭形，自上游向下游漸漸放寬，以便潮汐的漲落。第三，關注河床的深度，自上游河床以平緩的坡度向下游河口傾斜。第四，以往以丁、順壩控制江流成效顯著，仍採用此方法，並沿治導河線布置丁壩。此次河寬的設計依據為：1947 年和 1948 年間枯水期，海寧河槽合二為一（中沙消失）時的河槽斷面為依據，設計低、中水位的水面寬度和斷面，並保持閘口水面寬度不變，澉浦河床斷面不變，從而設計出沿程控制的河寬（見表 1-3）。〔註 52〕

表 1-3　1947 年江道規劃河寬表〔註 53〕

位置／指標	閘口	七堡	赭山	翁家埠	海寧	陳文港
到富陽的距離（千米）	39.0	54.5		69.8	84.0	92.0
高水河寬（米）	1200	2500	3200	4600	7000	7600
中水河寬（米）	1100	1900	2400	3450	5000	5200
低水河寬（米）	1000	1300	1600	2300	3600	3800

通過實施該防治方案，張書農希望獲得以下防治效果：河床固定後海塘底腳不致遭受水流沖刷，可保證海塘安全；水流集中，水深增加，利於航運；通過修築丁、順壩促淤，可形成新的淤積地。此次設計的河線，從富陽到雁鵝山維持原河線；浦陽江入口附近的銳彎進行裁直；閘口至七堡原河線基礎上略加修正；七堡以下，河軸線指向正東，過河莊山後以平緩的彎曲指向海寧，然後再轉向尖山。錢塘江河彎數目不變，只是將急彎改成平緩的彎道，詳見圖 1-4。〔註 54〕

〔註 52〕張書農，治河工程學（下）〔M〕，北京：中國科學儀器圖書公司，1953：469～473。

〔註 53〕章紹英，錢塘江河口治理開發的歷史回顧〔J〕，河口與海岸工程，1985，Vol.14：5。

〔註 54〕韓曾萃、戴澤蘅、李光炳等著，錢塘江河口治理開發〔M〕，北京：中國水利水電出版社，2003，270。

圖 1-8　1946 年錢塘江治理規劃圖

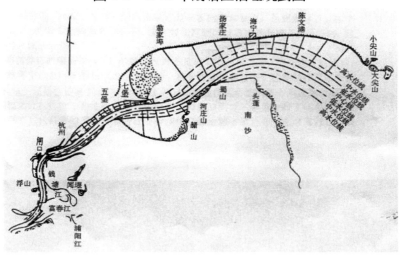

　　另一方面，該方案對後來的研究者有著指導意義和價值。張書農將方案所
應用的理論和方法加以介紹和說明，並指出其中存在的問題。他指出：關於河
床斷面的計算方法問題，參照了虞得英計算法，同時指出該法潮波傳進速度的
計算不適用於錢塘江潮汐計算；高水位和低水位的規劃是按照虞得英和巴拉奧
的方法進行計算，從而得出潮差變化曲線；感受系數 C 是應用平均數值 55.2，
並未應用海爾曼愛克公式。這些科研工作及應用理論的介紹為未來的研究者指
出了研究方向及應關注的問題，也有助於後輩研究者理解其設計原理。

　　1948 年，錢塘江海塘工程局副局長兼總工程師汪胡楨提到「自今以後，
錢塘江下游治導工程，當仍按標本兼治之原則，努力進行。治標方面為將損毀
石塘全部修復；治本方面為建築挑水壩和順水壩，使業已增漲至沙灘不再發生
變化，業已造成之流槽不致遷改。」〔註55〕

1.5.4 防治方略的特點

　　1946 年，張書農擬定《錢塘江下游防治的理想》初步方案。該方案是根
據 1946 年的水文和測量資料而制定的。這是首個根據水文觀測、潮汐觀測、
河床測量等實測數據所制定的錢塘江防治規劃方案。與此前的方案相比，該方
案取得了新的突破和新的進展。

　　第一，張書農詳細研究分析了錢塘江下游江道變遷、潮汐、河床、潮水
流量及流速、押轉力、含沙量、湧潮特性及河床對潮汐的影響等多方面因素，

〔註55〕汪胡楨，海塘一年〔J〕，水利月刊，1948，No.2：46。

從科學計算出發制定防治方案。但因水文、潮汐、含沙量、河床測量等實測數據資料積累不足，使得防治方案存在明顯不足，無法全面完整的認識錢塘江的問題。

第二，張書農的所制定的方略明確提出了「穩固河床」的防治理念，這是防治理念的又一次昇華。

第三，提出了錢塘江治導線的設計理念，對於錢塘江防治工程這是極為重要的防治思想。但因受到基礎資料不足的限制，河道寬度尚無法確定，張書農所設計的治導線存在較大不足。

第四，提出「裁彎取直」的河道設計思想，這也是錢塘江防治理念中非常重要的內容。經後來的研究發現，「裁彎取直」將增大錢塘江進潮量，不利於江岸的保護，錢塘江應保持適當的彎道，以減少進潮量。雖然，此理念不適用於錢塘江防治工程，但在當時該理念是創新的，並為後人指出了一個值得關注的研究方向。

第五，提出「增加水深」的防治思想。張書農認為：河口治理的目的是要增加水深，使得在低潮位時船隻可以通航，沒有阻力。錢塘江河口上、中、下游受潮流影響不同，應採取不同的治理方法，錢塘江中、下游河流某一江段內，用同一流量來計算斷面；而在潮流影響較大的河口段，流量隨時隨地都會發生變化，則採用不同的流量來計算斷面。河口上游段採用縮狹河床的方法，以減小水面寬度來增加水深。但是，在河口的下游部分，常常要擴大斷面，以減少潮波阻力。〔註56〕

張書農為制定錢塘江防治方案，對中外流域治理工程展開了系統研究，以求獲取可參考的治理經驗。但事實上，錢塘江作為世界上最為獨特的強潮河口，尚無可直接借鑒的經驗。由此，根據當時水利學理論和普遍被接受的防治方法，張書農制定了 A、B、C 三套防治方案。該方案為後續錢塘江防治工程的開展提供了可借鑒的理念和思想。

1.6 錢塘江流域水電開發方案

1946 年抗戰勝利後，上海持續出現電荒，嚴重影響了工業生產，上海徐家匯二百多家工廠急需用電，無電將使數萬工人失業。且受戰爭影響，供電能

〔註56〕張書農，河床整理〔M〕，上海：中國科學圖書儀器公司，1955：195。

力大大縮減（戰前發電二十六萬瓦，戰後容量僅為十八萬瓦）〔註57〕。能源不足問題成為制約國民政府恢復經濟、發展工業生產的主要障礙。

1.6.1 世界水利建設趨勢

20世紀20至40年代，世界各國大型水利工程技術取得重大突破，各國通過使用鋼筋混凝土修築完成眾多大型水利工程，綜合開發利用水利資源成為趨勢。此階段，水能發電已成為工業社會提供電能的主要方式。

1926年，美國實施達拉斯城防洪工程，工程計劃位於德克薩斯州達拉斯（Dallas, Tex）的 Trinity River（特里尼蒂河）上修築高730尺混凝土高壩工程來保護兩岸城市。1930年，美國設立全國水利委員會，負責防洪、開墾、灌溉、水力、航運等責任。同年4月，美國參議院通過設立水力試驗館，開展密西西比河下游防治工程試驗研究。1936年，美國在位於內華達州和亞利桑那州交界之處的黑峽（Black Canyon）修築胡佛水壩（Hoover Dam），此水壩是美國綜合開發科羅拉多河（Colorado）水資源的一項關鍵性工程，具有防洪、灌溉、發電、航運、供水等綜合效益。大壩是一座拱門式重力人造混凝土水壩，是世界著名的水利工程。

英國水利工程項目主要集中在建築軍港、船塢，工程中大量使用鋼筋混凝土進行施工。法國為經濟發展開始建造大運河工程，修築直布羅陀隧道，修築新式海港和碼頭，高山地區開發水力發電。蘇聯計劃在距離葉尼塞河（Yeneisei）口四百公里的地方修築北冰洋新港。瑞士開展水力發電工程，1930年內增建水電廠預算資金為 2,730,000 美元。希臘開展灌溉計劃，預計灌溉區域達6000方里。荷蘭開展大規模填海工程，並完成阿姆斯特丹中央運河上最大的船閘工程。日本開展東京灣海港擴建工程，預計工程完工後，使六千噸以下船舶泊位八十個，貨物收容量達到750萬噸，使其成為當時世界上最大的海港之一。

由此可見，當時世界上主要國家水利工程建設水平已經取得很大突破，鋼筋混凝土被大量應用於工程中。水利建設考慮綜合效益，尤其以開通運河，解決航運和水能綜合開發利用為主。這些工程技術、治水理念不斷傳入中國，對中國水利建設產生了深遠影響。與此同時，中國派出年輕學子赴德、美、荷等

〔註57〕電荒聲中談水電建設，大公報〔N〕，鴻英圖書館輯藏（p000527），民國三十六年七月十日。

水利科技發達的國家學習水利科技。學子們學成回國後，主持中國水利建設，潛移默化中應用現代水利科技於中國治水工程。

1.6.2 錢塘江水利綜合開發

1946 年抗戰勝利後，中國急需發展工農業生產，但戰爭期間的破壞又極其嚴重。工業發展首先要解決電力短缺問題，各大主要流域水電站修築計劃被政府提上日程。

為開發錢塘江水利發電事業，南京國民政府於 1947 年在全國資源委員會下特設立錢塘江水力發電勘測處，徐洽時（1910～2003）〔註58〕為主任，主持和負責錢塘江流域所有工作。該處初步勘測了錢塘江上游富春江的蘆茨埠，新安江建德上游的羅銅埠、淳安上游的西洲，常山港常山上游的灰埠及烏溪港衢縣上游的黃檀口等五處建壩發電的廠址。〔註 59〕作為主任的徐洽時曾帶領一行 7 人對新安江流域的地形、地質勘測和水文資料的採集，發現此處流域面積廣闊，地質水文條件優越，具備建造大型水電站的天然條件。

調查歸來，在徐洽時的主持下，於翌年春天向南京國民政府提出了建造一座總裝機容量為 12 萬千瓦的三級開發方案。其中，浙皖交界處的街口，地勢天成，施工簡省，可先行建設容量 8 萬千瓦的水電站，先期開發。〔註 60〕項目所需經費請求列入美方援華貸款中，並將計劃文本送達美方。工程實施後，可以解決南京、浙江、安徽等地的用電問題，項目由水利部、上海市府、浙江省共同向行政院申報。一旦美元援助獲批，項目規模將進一步擴大。〔註 61〕

〔註 58〕 徐洽時，水利專家，江蘇宜興人。1934 年畢業於浙江大學工學院土木系。1937 年獲美國康奈爾大學土木工程碩士學位。同年回國。曾任江西省工業專科學校教授、資源委員會錢塘江水電勘測處主任。建國後，歷任浙江水力發電工程處處長，電力工業部華東水力發電工程局副局長，新安江水電工程局總工程師，浙江省水利電力局副局長、水利廳廳長。是第三屆全國政協委員，第三、六屆全國人大代表。

〔註 59〕 錢江水力發電〔N〕，大公報，鴻英圖書館輯藏（000669），民國三十六年六月二十一日。

〔註 60〕 竹濤生，青山綠常在．風采永世留——訪倡議和建造新安江水電站的著名水電專家徐洽時〔J〕，科協論壇，〔1〕竹濤生，青山綠常在．風采永世留——訪倡儀和建造新安江水電站的著名水電專家徐洽時〔J〕，科協論壇，2000（03）：26～28+2。

〔註 61〕 錢江上游水力發電塘工局已妥擬計劃〔J〕，工程報導，民國三十五年，Vol.35：15。

圖1-9　徐洽時所撰《錢塘江流域水力發電計劃概要》

選址理由：因浙皖邊境徽將的界口地區河床處於坡降地區，兩岸山峽緊湊，兩岸之間可以修築高壩；同時，該地區輸電至南京、上海及浙江全境線路最為經濟，且電量可以滿足需求。

工程實施：工程將在兩個山峽之間修築一個高一百公尺的隔水壩，壩上、中部設置寬二十公尺的洩水道，壩中另設排水管八道，發電機位於壩的下游，初期裝置四萬瓦水輪發電機2套，總量為8萬瓦，並預留機位以備未來擴充之用。

工程預算：全部工程預算為二千六百六十五萬五千五百美元，包括電機設備、土木工程、水庫收購、土地遷屋等費用，以及意外開支管理費、利息等。其中七百二十萬美元用於購買外匯，此項資金主要用於購買水電機件；其餘費用可在國內市場採購，並以國帑支付。

此項工程實施後，不僅可以供應南京、上海、杭州三地的供電需求，經上游水力發電後，錢塘江可以避免上遊山洪爆發時的水患，使下游最低水文維持在1～3公尺，此水深可使小貨輪終年通航於浙皖兩省。

該方案成為錢塘江流域綜合治理開發中上游關於修建電站的最早設想，也成為中華人民共和國時期新安江水電站建設工程的基礎。為解決華東電網缺電問題，特別是滿足上海用電，1952年浙江省人民政府聽取了徐洽時的建

議，先行組織新安江經濟調查隊，赴建德、淳安、歙縣、屯溪、休寧等地進行
經濟調查。隨之，設立水文站、雨量站51處，開展流域水文測量工作。同時，
華東軍政委員會將徐洽時調往上海，為新安江水力資源開發特別改組成立華
東水力發電工程局，徐洽時被任命為副局長兼總工程師，負責設計新安江水電
站的開發方案，該局局長為王醒（1917～1994）〔註62〕。

〔註62〕王醒，山東萊蕪人，南下幹部。早年投身革命，1938年3月加入中國共產黨。
　　　1949年2月起，先後任渡江南下幹部大隊大隊長、浙江省紹興專員公署副專
　　　員、紹興地委書記兼專員、浙江省工業廳副廳長、華東水電工程局局長、浙江
　　　省電力廳廳長兼新安江工程局局長、浙江省水電廳黨組書記兼廳長等職。1962
　　　年10月任浙江省副省長兼紹興地委書記，1971年底任溫州地委書記。1972年
　　　赴阿爾巴尼亞任專家組組長，1973年7月任中共杭州市委第二書記。1977年
　　　2月任四川省電力局黨委書記，西南電管局黨組書記。

第二章　現代防治理念的發展與演變

　　1949 年 9 月，人民解放軍進駐杭州，實現國、共政權的交接。中華人民共和國成立初期，錢塘江海塘千瘡百孔，坍江險情不斷發生，面對嚴重坍江實情，只能採取傳統的拋石、修築丁壩的方式來阻止坍江。民國末期所制定的防治方略，因戰亂而無法全面實施。

　　水利工程建設需要穩定的社會環境。戰亂的終結、科技的進步為錢塘江防治工程的實施提供了必備的前提條件。另一方面，政權交接的完成，浙江省主要管理機構和管理部門由南下幹部執掌，部分善於學習的黨政幹部在特殊歷史時期為防治工程的制定和實施起到了重要（甚至關鍵）的作用。1949 年之後，錢塘江基礎測量工作全面而系統的展開，為防治方略的制定、發展和完善奠定了堅實的研究基礎。

　　錢塘江防治理念由清代及其以前的「防」，到民國時期的「治」，再到中華人民共和國時期的「以防代治 防治結合」，這是幾千年來錢塘江防治理念的又一次革命性的變革。「以防代治 防治結合」的防治理念徹底改變了錢塘江的江道面貌，錢塘江由一條多災河流變為多利河流，為兩岸區域社會發展提供了發展空間，同時取得了巨大的經濟社會效益。錢塘江防治工程的實施後，也很好地保護了綺麗洶猛的世界獨有的內河湧潮奇觀，給世人帶來心靈的震撼和自然美的享受；也很好地保存了 33 公里長的明清古海塘，見證了人類的偉大創造力。

　　自 20 世紀 50 年代至 21 世紀初，60 多年的錢塘江防治探索之路充滿了崎嶇與爭議，多種防治理念、防治方案交替出現、不斷調整。錢塘江作為一條獨特的河流，其複雜的自然地理環境無法倣仿任何流域的防治經驗，防治理念

和防治方略是在逐步摸索、逐步實施中不斷發展完善。本章將著重介紹中華人民共和國成立後錢塘江防治理念和防治方略的演變歷程。

2.1 減少潮量，保灘以保塘

2.1.1 江道變遷概況

　　明代及以前歷代，錢塘江防治均以「修築海塘，江坍則塘退，保塘而不保兩塘之間的沙灘」為策略。民國後期雖採取了保灘措施且取得了一定效果，但尚未全面展開，海塘修築工程仍在繼續。「消極防禦，保塘不保坍」的防治理念，導致海塘修築節節後退，江水在兩塘間隨意沖刷，而節制愈鬆則湧潮沖刷愈烈，海塘本身更多的受頂沖激溜，易於潰決。中華人民共和國成立初期，國家投入大量資金重點修復已嚴重坍損的海塘。

　　錢塘江主溜在南北兩岸之間不斷遷移，江面寬泛。江流穩定之時，南北兩塘之間形成大片灘地，這些灘地被百姓開發利用。建國初期，兩塘間南沙、北沙江灘最寬處十數里、長十數里，已開墾灘地六十餘萬畝，土地肥沃，百姓在此生活，人煙繁庶，種有大片棉、麻，並開發了大片鹽田。[註1]但錢塘江江道遷徙不定，百姓的房屋均為草棚。因錢塘江江道可能「十年九徙」，也可能「一年數徙」，一旦發生坍江，兩岸已開發熟地及百姓所有財物均滾入江中。

　　1950年4月，南岸翁家埠、赭山灣至閘口段坍江劇烈，威脅到已開發的熟地及軍事大塘[註2]，九號壩坍塌僅餘3118公尺，測量隊緊急展開測量工作。5月12日，坍勢漸止且出現漲沙。但北岸七堡東的六格、七格自初春起便坍江不斷，5月底的5日間便坍塌江灘約200公尺，坍勢不斷上延，形勢危急。據親歷者介紹，「退潮時轟隆之聲六堡尚可聞，坍江密如排炮，濺起的浪花七堡（相距約3公里）可見；坍江之處先出現裂縫，裂縫不斷加寬至1～2公分厚崩落江中」。[註3]北岸翁家埠根據當時實測數據，坍進最多處達400多公尺。工程技術人員一邊測量崩塌地段地形、水深，一邊擬定防治計劃，通過拋石、修築挑水壩等方式來阻止坍勢。1951年北岸七堡至翁家埠一帶出現淤漲，沙灘寬度達10餘千米。

〔註1〕華東水利部錢塘江水利工程局，錢塘江下游穩定江槽初步設計〔R〕，1952：19。
〔註2〕此塘為抗戰時期為阻擊日軍所修築的軍工。
〔註3〕錢塘江志編纂委員會，馬席慶文存——治理錢塘江〔R〕，1995：11。

　　1951 年 2 月中下旬，翁家埠鹽場以東江中沙灘受到潮水衝擊，3 月開始出現坍削，8 月坍塌加劇，10 月原寬 3 千米的江中荒灘全部坍入江中，且波及到鹽田。至 1953 年 3 月 13 日，北沙共坍去鹽田和農田 22500 畝，最大坍進達到 2100 米。翁家埠坍江形成一個大彎。

　　1952 年 9 月，北岸馬牧港一帶塘前沙灘出現坍江。同年 10 月 2 日至 8 日，自海寧鎮海塔以西至老鹽倉一帶，塘前淤沙全部坍盡，坍江之勢向西擴張，至 1953 年已坍至「愛」字號海塘前，平均每日向西坍江 86.9 米，最多的一日達到 133 米。由此造成「積」字號以西柴坦水暴露，「羊、克、德、立、端」等字號石塘塘身出現裂縫，「遐、邇」字號盤頭傾倒。隨之，海塘險情不斷延伸，出現不同程度的裂縫、傾倒等情形。1953 年 3 月 16 日，「遐、邇」字號海塘塘身出現裂縫，17 日下午石塘傾倒 43.3 米，海塘出現缺口。〔註4〕

　　華東軍政委員會水利部錢塘江水利工程局組織當地民工開展搶修工程。1953 年 3 月 18 日，浙江省人民政府主席譚啟龍、副主席霍示廉視察北沙坍江及海塘缺口情況，次日召開緊急會議。20 日，成立「浙江省翁家埠海塘搶修委員會」和工程處，負責搶修工作。26 日擬就《翁家埠一帶海塘搶修工程計劃書》。在此過程中，江道形勢再次發生變化。3 月 17 日至 31 日，北岸沿塘沙灘坍進 1224 米，南岸赭山以下沙灘自 21 日至 23 日山洪下注後坍塌加重，北岸坍塌重點自下沙鄉向下移至桶盤存以下，沖向翁家埠。〔註5〕由此，搶修計劃被迫修改，另擬《翁家埠一帶海塘搶修工程計劃補充說明》，與原計劃一同呈送華東軍政委員會農林水利局核准實施，搶險工程緊急實施展開。

2.1.2　保灘以保塘

　　錢塘江坍江持續不斷的發生，不僅江灘熟地、鹽場坍入江中，也威脅到海塘安全。時任錢塘江海塘工程局計劃科科長在馬席慶〔註6〕深入分析錢塘江河

〔註4〕華東軍政委員會水利部錢塘江水利工程局，翁家埠一代海塘搶修工程計劃書〔R〕，1953。

〔註5〕浙江省水利廳檔案，檔案號 G2-4-1，華東軍政委員會水利部錢塘江水利工程局，翁家埠一代海塘搶修工程計劃書〔R〕，1953。

〔註6〕馬席慶（1906～1995），河北省定縣人。1931 年，畢業於天津國立北洋大學土木系。曾任中國華洋義賑救災會流量主任，全國經濟委員會水利處、華北水利委員會副工程師、工程師，中國木業公司工程科長，四川省水利局工程師、工程處長，天津海河工程局第一科科長，錢塘江海塘工程局工程師、處長等。1949年後歷任浙江省水利局（廳）、浙江省水電勘測設計院工程科長、主任工程師、總工程師。浙江省水利學會第 2、3 屆副理事長。馬席慶總結錢塘江治理經驗，

流特性、實測數據及以往防治經驗的基礎上，起草《錢塘江下游穩定江槽初步設計》。該方案是中華人民共和國成立後制定的首個錢塘江防治方案，採取丁壩促淤的方式來保護江灘，江灘安全則海塘安全。這也僅僅是在一段較好江道內開展的防治試驗。

該方案總結了以往尤其是民國時期江道防治工程的經驗，經過現場勘查，提出存在的問題，馬席慶認為〔註7〕：

（1）圍墾進佔不可盲目。錢塘江治道整治通過修建挑水壩將江水挑溜取得一定效果，但也存在問題。錢塘江沙質鬆軟，在彎道深溜的地方建壩，壩上、下岸線坍刷的更為劇烈。若通過建壩進佔漲灘，必須先修築牢固的岸坡。

（2）缺乏確定的基礎測量數據，不可急功近利修築長壩促淤。治本計劃需要以詳盡的資料為依託，錢塘江河床變遷靡定，河槽測量圖、地形圖很難測定。盲目建壩將造成對岸坍江，1948 年海寧北沙一帶坍江就因頭蓬修建挑水壩成果所造成。

（3）修築挑水壩需選好時機。錢塘江上修築挑水壩最好能在一個小潮汛期中完成。若不能短時內一氣呵成便計劃修築長挑水壩，將會造成浪費。

（4）因地制宜，依實情定方案。此時，三堡、四堡一帶坍刷已至公路邊緣，護岸保灘最為要緊，尚不適合考慮治本挑溜之策。

（5）改進挑水壩的設計，險段建丁壩群。挑水壩保護岸線長度與其本身長度成比例。錢塘江的比例數大概在 2.5～3 之間。挑水壩過短、間距過大無法達到挑溜的作用，亦無法阻止坍江之勢。險要地段修築壩群。單獨挑水壩排溜能力弱，易於損壞。

（6）塘前沖成深槽，坦水毀壞，基土被掏空，基樁朽露，則會造成塘身傾斜。

根據以上對錢塘江修築方案實施效果的分析，1949 年後錢塘江保灘護岸工程的設計理論與 1949 年前相比發生了根本變化，並制定了設計原則：

（1）暫時以保坍護岸穩定現有江槽為目的，在現行江槽尚未制止坍塌以前，絕不作調整江槽、漲地墾塗等高遠計劃。

提出了建造短壩密距挑水壩群的設計方案，在工程實踐中發揮重要作用。1952年，提出錢塘江下游穩定江槽的初步設計方案，明確提出保塘不保坍的理念。
資料來源：李海靜編，堅毅務實·勇立潮頭——記百年錢塘江防治〔M〕，南京：南京出版社，2022。

〔註 7〕錢塘江志編纂委員會，馬席慶文存——治理錢塘江〔R〕，1995：22。

（2）不作過長挑水壩，除恢復茬山九號壩設計外，其他壩長均不超過 300 公尺。

（3）壩端呈有規律的曲線，不得有特別凸出或凹入。

此次工程實施過程中實行的「短壩密距」的丁壩群方案進行保灘護岸工程，並取得較好效果。這是一次設計理念重大變革，使防治工程的實施取得突破性進展。在此基礎上，華東軍政委員會水利部錢塘江水利工程局制定《錢塘江下游穩定江槽初步設計》，此計劃實施時間為 5 年，自 1953 年至 1957 年。

工程實施範圍是錢塘江下游自杭州市錢塘江大橋至蕭山南沙蜀山 38 公里一段。此時，錢塘江湧潮起於秦山附近，因江道寬闊，江中分布有眾多沙洲，自海寧往下形成多個潮槽，海寧新倉之間時有東潮、南潮，偶有西潮。赭山、七堡之間河床寬闊，潮頭經過七堡會發生變異。根據這些實情，錢塘江下游穩定江槽的防治理念和防治方略確定為「保灘以保海塘，生灘以固坦水，縮狹江流，穩定江槽，減少潮量，進佔圍墾，附帶的解決航運問題」。

方案實施主要內容：一，選取上游的錢塘江大橋、中游四堡一帶、下游以赭山、蜀山為控制點制定計劃河線；二，設計河槽寬度：錢塘江大橋中水位為 1100 公尺，洪水位為 1600 公尺，蜀山中水位江槽寬 1731 公尺，洪水位為 2817 公尺，蜀山段較當時河寬縮狹三分之一；三，凹岸實施保坦護岸工程，凸岸淤漲灘地逐步進佔圍墾；四，選定四堡附近使大運河與錢塘江溝通，南岸則選在西興附近使蕭紹運河與錢塘江溝通。施工方法以拋石挑水壩為主，輔以護岸順壩及沉輥、柴排、鉛絲籠、竹籠等材料。

該防治方案，除考慮到防治治道外，亦考慮到與南北兩岸排水灌溉、喬司農場圍墾、錢塘江下游海塘工程、錢江上游整治工程、上塘河灌溉工程的相互配合。至 1957 年，新建丁壩 40 座，整修加長老丁壩 8 座，初步完成杭州閘口至七格 21 千米河段的江道防治工程，為錢塘江進一步開展防治工程奠定了基礎，這也是首次完成的某一段江道的防治工程。〔註8〕

事實上，水利部門尚未將江道防治工程列入計劃項目之中，此項工程能夠開展主要是社會需求和坍江的嚴峻形勢所促成的。據馬席慶回憶〔註9〕，1952年，華東水利部某領導來杭，當時在四堡工地工作的馬席慶在沈石如局長的

〔註8〕戴澤蘅、李光炳，錢塘江河口治理艱辛歷程的回憶〔R〕，2006：21。
〔註9〕馬席慶，關於錢塘江治理開發的若干回憶，馬席慶文存——治理錢塘江〔R〕，1995：181。

支持下，將此計劃書面呈劉部長，但是沒有得到正式批覆。因錢塘江河口問題複雜，中央水利技術人員無人敢正式批准錢塘江防治計劃，只有取得有說服力的經驗，對錢塘江防治工程有把握時，才能作為專項工程得到中央正式批准。〔註10〕

2.1.3 乘淤圍塗，消減湧潮

自 1952 年實施江道整治工程後，杭州閘口至七格江道江槽穩定，防治效果明顯，採用丁壩群的防治方法也取得成功。1956～1957 年，錢塘江江道再次南趨，南岸蜀山至頭蓬段坍江最為劇烈，坍江至離南沙大堤 900 米處（9 號壩處）停止，北岸（鹽官段）沙灘漲至 5.6～6.2 米，1958 年 4 月分為兩個江道（二江）。赭山灣江道變化最為劇烈，因赭山和江道內巨大彎道而得名，此處江彎正處於已整理完成江道穩定的七格江段的下游。與此同時，南岸準備圍墾灘塗 5～6 萬畝，以此來穩定江槽。多因素的影響，尤其是險情的出現，赭山灣江段必須開展整治工程。1958 年，浙江省水利廳制定了《錢塘江下游赭山灣整治工程初步設計》。

建國初期，全國各地大興灘塗圍墾，已開展的錢塘江防治工程均是為了保護已墾灘地，阻止坍江。此時，江道整治工程已不僅僅是阻止坍江，保護灘地，還要圍墾新的土地，以此來增加國家土地財富。「乘淤圍塗，消減潮量」成為防治工程的主導思想。

赭山灣防治工程是錢塘江防治工程的關鍵一步，因其獨特的地理位置、自然地理環境，使得此段防治工程異常艱難。此段江道防治成功與否直接影響了未來防治進程。與此同時，七堡樞紐工程已經提出，工程技術人員在制定赭山灣工程方案時，儘量不影響七堡樞紐工程的實施。

此次河線規劃、工程布置均與 1952 年的防治原則相同，依然通過拋石修築丁壩的方式來促淤，但丁壩設計、壩距根據實際情況進行改動；規劃河段自七格下延至尖山；設計中水位河寬為 2535 米，高水位河寬為 3684 米。〔註11〕該方案與 1952 年制定的防治方案不同之處在於：赭山灣工程因地理位置、地形特殊，要考慮到幾個關鍵技術問題，由此，工程技術人員擬定了五條防治

〔註10〕說明：此處論述源自馬席慶工程師對此事的記錄，其他專家的公開資料均稱此事上報過華東水利部並獲得答覆，筆者對此存疑。

〔註11〕浙江省水利廳檔案，檔案號：F-1-2-34，錢塘江下游赭山灣整治工程初步設計〔R〕，1958。

規劃原則：

1. 此工程本著由上而下的原則，在錢塘江大橋至七格間已穩定江槽的基礎上，向下游延伸。

2. 赭山灣江道處於湧潮和山洪趨勢不同造成的彎曲河道，防治時要適應河勢，不易強扭，但不亦使彎道過急。

3. 利用南岸白虎山、烏龜山、美女山和已有茬山九號壩為實施防止工程的據點，即治導線。

4. 以拋築丁壩為主要防治措施。

5. 根據觀音堂、七堡治理經驗，僅在南岸（凹岸）布置塊石丁壩，北岸暫不修築丁壩，以防對南岸頂沖，造成坍江。

圖 2-1 錢塘江赭山灣段江道變遷及丁壩設計圖

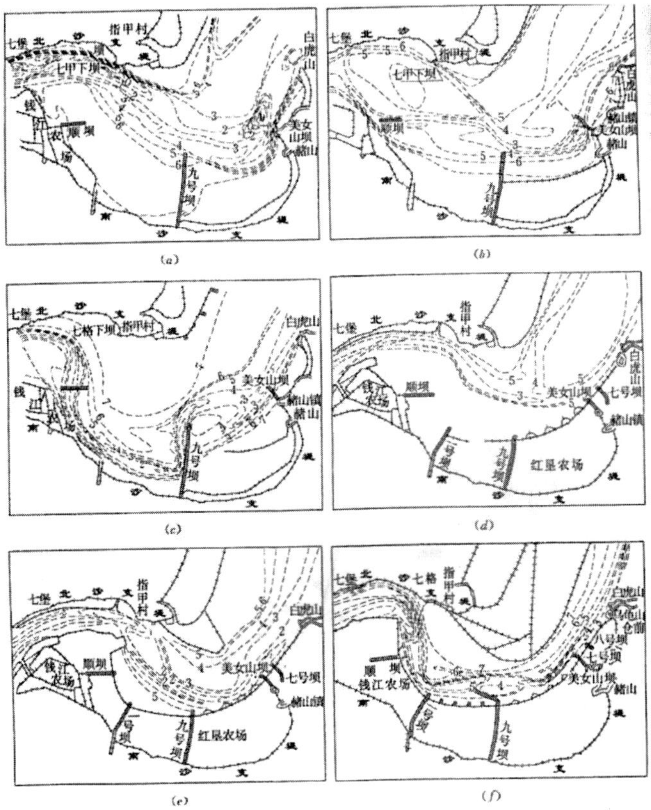

（a）1962 年 7 月；（b）1963 年 3 月至 4 月；
（c）1964 年 4 月；（d）1969 年 11 月；
（e）1971 年 7 月；（f）1979 年 9 月至 19 月。

資料來源：戴澤蘅總工手稿。

　　初期設計方案在南岸凹岸上、中、下段布置三條長丁壩，即赭山4號壩、荏山9號壩、美女山壩，另加12條短丁壩（長僅250米，在中、高水位堤線防治）。〔註12〕因赭山河灣江道寬闊，漲、落潮流路不一，主槽仍有游蕩的空間，長壩未能按照預期控制住河勢。赭山灣整治工程進展艱難，長丁壩拋築後遭遇壩根沖毀，急流抄後路，壩身、壩頭嚴重沖刷，壩體沖斷、壩頭退宿等難題。

　　1960年因施工困難，防治原則出現「自上而下」與「自下而上」之爭。錢塘江邊生活的百姓和船工有句俗語「山水引路，潮水闖禍」，意思是說：河道的主槽由山水和落潮潮流塑造維持的，潮水順槽而來，破壞力極大，帶來災禍。為順應河流自然流勢，防治工程順序應「自上而下」，使落潮水流納入規劃的河道，順乎特性。實際施工過程中，因湧潮潮勢兇猛，丁壩修築不易，消耗很大。因此，工程技術人員提出「自下而上」的構想，先在下游口門附件修築長壩殺減潮勢，但模型試驗顯示對潮勢減弱並不顯著，而被否定。赭山灣防治工程初期，拋築長壩強攻，投資大、工期長、效果差，拋築丁壩的防治措施遇到很大問題，未能達到預期效果。若要確定某種防治方案和防治程序，工程技術人員提出需要通過模型試驗和計算分析來進行研究和比較。〔註13〕

　　1961年4月下旬，錢塘江海塘工程局邀請相關單位召開赭山灣整治圍墾工程技術座談會，浙江省水科所代表戴澤蘅、李光炳提出「錢塘江河口七格以下江道擺動幅度大，江道中常出現大片灘地，其高程亦能滿足圍墾要求。今後江道防治中，如利用天然有利時機，在不影響規劃河線的前提下，在可以圍墾的高灘上先行修建土堤，在必要的地點，外拋塊石護岸（必要時結合建少量丁壩），逐步圍墾，逐步減削進潮量，減弱江道擺動幅度，最後達到規劃線（江道縮狹到一定程度後，整治工程措施以丁壩為主）。採用以上整治步驟和工程措施，似較經濟合理。」〔註14〕

　　根據1962年7月至1979年10月實測江流水文圖，江流不斷發生改變，江槽擺動頻繁，為此工程技術人員不得不多次調整丁壩設計以滿足防治需求。1964年，長達3.1公里的九號壩事實上變為了順壩，因江流主槽在接近壩根處

〔註12〕浙江省水利廳檔案，檔案號：F-1-2-34，錢塘江下游赭山灣整治工程初步設計〔R〕，1958。

〔註13〕戴澤蘅、李光炳，關於潮汐河口河床演變及整治的綜合意見，中國水利學會第二次全國會員代表大會及綜合性學術討論會彙刊〔R〕，北京，1963。

〔註14〕戴澤蘅、李光炳，赭山灣整治圍塗工程技術座談會上的發言〔R〕，1961。

沿丁壩上游向北，繞過壩頭轉向東北。工程技術人員認識到僅靠丁壩並不能控制河勢，只能達到挑溜促淤、沿規劃線修建圍堤的目標，進一步證實拋築丁壩防治效果很差。1963 年，錢塘江海塘工程局提交《赭山灣江道整治初步設計》，此次規劃河線與 1958 年規劃線相同；以歷年宣洩最大流量為依據，選定七堡中水位河寬為 1700，以 1.025 放寬率向下游展寬（此時從理論上已確定全線縮狹江道的防治原則）；對美女山、七右順壩、九號壩及短丁壩進行調整。後因此段江道湧潮洶湧，方案再次進行調整，工程進展緩慢，施工困難。〔註 15〕

　　與此同時，南岸圍墾工程一直在進行中，技術層面認可錢塘江防治工程與圍墾工程相結合。該防治理念立刻得到廣泛響應，這種方法極大滿足了圍墾土地的需求，更符合國家的政策導向。1968 年，通過修築丁壩促淤，在大潮尾小潮頭（即大潮汛剛過，小潮汛未到）這段時間搶築圍堤；待圍堤鞏固後，再修築丁壩挑溜促淤，繼續圍墾獲得重大成功。由此，錢塘江治江與圍墾相結合，此方法大大加快了防治工程的進度。防治方案詳見圖 2-2。

圖 2-2　赭山灣整治實際完成工程圖

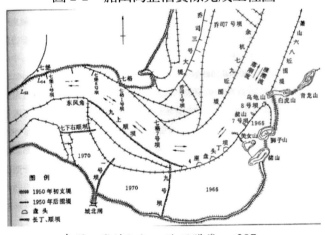

來源：錢塘江河口治理開發，p287。

2.1.4 以圍代壩

　　蕭山地處錢塘江南岸，江灘易淤易沖，自古便有百姓利用淤漲江灘生息繁衍的記載。歷代淤積的江灘上村莊遍布，坍江的發生威脅到百姓生命財產安全。民國以來，工程技術人員為制止坍江而開展錢塘江江道防治工程。工程實踐中，技術人員發現單獨依靠丁壩治理南岸赭山灣段江道效果很差，結合圍墾

〔註 15〕錢塘江管理局，世紀輝煌〔R〕（內部資料），2008：74。

工程，工程技術人員提出「乘淤圍塗，減小江道擺動」防治理念。

中華人民共和國成立初期，國家號召開發利用灘塗，增加土地。水利部門的主管領導以及當地群眾對圍墾工程都有著極高的熱情。另一方面，自 1958 年以來，浙江省耕地面積逐年減少，人口逐步增加。根據各地上報數據，1957 年浙江省共有耕地 3120 萬畝，到 1961 年底為 2818.9 萬畝，人均僅為 1.08 畝。人多地少造成嚴重的糧食短缺。根據實際情況，浙江省提出：通過上山開荒和下海圍塗兩方面來擴大耕地面積。〔註16〕

1961 年，「圍塗治江」的防治理念在實施過程中仍有很大困難。強湧潮區灘地上圍塗灘地，築堤不易，保堤更難。新的理念還需要在實踐中不斷摸索、總結經驗。

1960～1967 年，錢塘江江道南移，南沙大堤蜀山至十二埠段出現險情。為保住南沙大堤，當地政府組織群眾拋石護堤，歷經 8 年方保住南沙大堤。在此過程中，積累了塊石開採、運輸、拋石護堤、集體踩踏堤岸防滲等一系列因地制宜、行之有效的保堤經驗。同時，組織者還積累了大規模組織群眾築堤的食宿及物資供應保障的經驗。實踐中，圍墾施工摸索出一套行之有效的搶圍方法，即在堤內取土築堤，將取土坑挖成河道，並預先築閘與內河貫通，做到堤成河通，為運輸塊石護堤創造了良好條件。

筆者通過訪談浙江省水利廳原廳長鍾世傑，瞭解到他是蕭山圍墾工作的主要支持者。1968 年，鍾世傑任浙江省水利電力廳生產領導小組的組長，實際上行使著廳長的職權。據他的回憶：「蕭山圍墾開始於『文革』初期，遇到很大阻力，困難重重。在特殊政治環境下，不同意見、軍方因素都摻雜在裏面，工作波折很大，我認為此事很重要。為了圍墾，我曾多次找兩岸的幹部、船工、百姓召開座談會。當時，蕭山水利局長張紅軍支持圍墾。1968 年，趁南岸保灘修築丁壩圍墾 3.6 萬畝，這塊地也稱三萬六千米圍墾。這些土地分 20 多次逐期開展的，為以後向東逐塊圍塗奠定了基礎。談到圍墾工程，馬席慶提出修築丁壩促淤，我多次找他請教，看能否在淤灘上圍墾，他認為理論上是可以的。圍墾要『掌握規律，區別對待』，每期圍墾都要劃定一條規劃線，不能越線。圍墾是手段，是為了治江。蕭山縣委書記張克明反對圍墾，認為發動這麼大的人力、物力開展圍墾工作，勞力過度。事實上，蕭山老百姓要圍墾，蕭山是缺糧縣。為了圍墾，蕭山打平了 30 多個小山頭，最大的圍墾發動了 10 萬群眾。那時，我與農民一起挑

〔註16〕浙江省檔案館，檔案號：J-121-15-638，浙江省圍墾海塗初步計劃，1963。

土、吃飯、住窩棚，我的指揮部就在新灣。發生潰口時，我發著高燒跳到水裏去堵口，大家能吃上黴豆腐就算好的了。為此，也有機關的人去調查我，認為我收了好處，如此賣力的支持蕭山圍墾，但他們從不公布調查結果。」〔註17〕〔註18〕

此段訪談內容真實反映了當時圍墾的真實情況。鍾世傑作為一名南下的老幹部，能夠聽取各方意見，尤其是專業技術人員的意見和建議，在當時是非常難能可貴的。錢塘江防治工程以圍墾實踐為基礎，結合治江工程，提出「治江結合圍墾，圍墾服從治江」的口號，這一口號和方略主導了進一步開展的錢塘江防治工程。

為加快圍塗，浙江省採取大、中、小並舉的方針。即：小片灘塗發動公社、生產隊自圍、自營、自種；大面積和中面積（五千畝以上）的圍塗，由國家投資圍墾，建立國營農場。此時，上報投資需求為 3.69 億元，其中圍塗工程投資 2.09 億元，開墾農場投資 1.6 億元；另外，需要國家供應木材 17.25 萬立方米，鋼材 2.34 萬噸，水泥 9.19 萬噸。〔註19〕海塗開發建成農場後，65%用於耕種棉花，30%種植糧食，5%種植蔬菜和飼料。且農場可安置勞動力 11.62 萬人，連同家屬可安置 30 萬人。在「誰參與誰得利」的原則下，地方政府、當地百姓對圍墾工程充滿了熱情，使得蕭山圍墾走出了一條「自力更生，快捷、高效」的圍墾之路。

1968 年，蕭山烏龜山至新灣岸段南沙支堤出現罕見的大面積高灘。1968～1971 年連續三個春冬，開展大規模圍塗工程，圍塗 5 大片，共 21.2 萬畝，均為政府組織群眾搶築完成。每次圍墾寬度達 5 公里左右，規模大、速度快、成本低，是絕無僅有的。圍塗自上而下分期開展，每片圍塗區猶如老堤外的大盤頭，起到丁壩挑溜和促淤的作用，因此稱為「以圍代壩」。此方法效果顯著而高效，成為防治的主要手段，專業技術人員稱其為「圍塗治江」。這種方式避免了在深槽臨溜岸段與強勁湧潮搏鬥的巨大消耗，大大節省了防治圍塗的工程量，加快了防治速度。

20 世紀 70 年代中期，工程技術人員擬訂了進一步縮窄江道的規劃線，鹽官、澉浦的高水位河寬定為 2.5 公里和 12 公里。此後，防治工程繼續開展「乘淤漲高灘，分片圍塗」；至 1980 年，圍塗至赭山以下，經老鹽倉至海寧八

〔註17〕來自筆者對鍾世傑老廳長的訪談資料，詳見附錄一。
〔註18〕費黑、陳志根，蕭山圍墾志〔M〕，上海：上海人民出版社，1999：81。
〔註19〕同上。

堡河段南北兩岸的岸線推進至規劃岸線。

戴澤蘅總工程師認為「圍塗治江」能夠獲得成功，在具有大批專業技術力量的基礎上，還需必要的前提條件：第一，需要對江道演變有深入的分析和把握。技術人員通過河床演變等分析手段，掌握江道出現高灘的位置、範圍和時間段，研判主潮對圍塗的破壞情況後，充分利用小潮時間，快速出擊，盡快形成一定高度和穩固度的堤線。第二，必須有強有力的運石、拋石等能力的專業隊伍。在發動群眾的基礎上，必須借助熟練的專業力量，在潮偏小的短時間內，將必要的抗沖石料沿堤線拋好，才能抗住大潮對堤腳的沖刷，盡量避免出現坍塌等情況。第三，要有足夠的石料來源。在盡快形成堤線的過程中，如未能提供足夠石料等資源，也將無法完成圍塗工作。蕭山在圍塗防治工作中，逐漸打磨探索出一套行之有效的施工方法，並被沿江多地借鑒沿用。蕭山採用挖土築堤、形成渠道運石的經驗，開闢多個採石場，積累了組織幾萬至十幾萬人突擊施工的管理經驗，不但較好地就地取材，還保障了一定時間內較高的運石量，為確保已圍土堤不被衝垮創造了條件。群眾在築堤過程中，融入了「澆水加夯」的方法，確保土地強度，即使在高水位時也能確保土堤不坍塌。

若沒有這些前提條件，「以圍代壩」方式很難實施。該方案要與多變的河勢搶時間，以極大的施工強度與湧潮打消耗戰，保住大堤安全，臨溜時每米堤長拋石三五十立方米，個別險段拋石二三百立方米，才渡過風險。〔註20〕

在實踐施工當中，圍墾工程一直留有餘地，以防江岸崩坍。另一方面，治江規劃線尚未確定，不敢貿然過多縮狹江道產生不利影響。

2.2 綜合開發，消滅湧潮

為治理錢塘江河口，1957 年 4 月水利部錢正英副部長在杭州主持召開錢塘江下游（河口）治理座談會。會議以蘇聯水利專家為組長，彙集河口、泥沙、水文、水工等方面知名中外水利專家近 30 人對錢塘江進行現場勘查後召開座談會。會上一致認為：錢塘江河口情況十分複雜，在未進行基礎科研前難以確定防治方案。目前，應先建立專業測驗隊伍和科研機構，建議成立錢塘江河口研究站，由浙江省水利廳和南京水利科學研究院〔註21〕共同領導。

〔註20〕戴澤蘅、李光炳，錢塘江河口治理艱辛歷程的回顧〔R〕，2006，26。
〔註21〕南京水利科學研究院建於 1935 年，原名中央水工試驗所，是我國最早成立的水利科學研究機構。本訪談中簡稱為南京水科所或南科所。

同年 5 月，成立錢塘江海潮測驗隊；7 月，錢塘江河口研究站成立，由戴澤
蘅任副站長，站長由南京水科所河港室主任黃勝〔註22〕兼任。研究站主要任
務是整理分析錢塘江河口河床、地形和水文實測資料，以便探明錢塘江河口
水文、泥沙運行規律和河床演變規律。在此基礎上，研究確定錢塘江防治方
案。河口研究站成立之初，來自南京水科院的 2～3 個人，與浙江省水利廳工
程技術人員共同負責潮汐水文部分；中國科學院地理所、華東師範大學也曾
短期派人過來，主要負責地貌、地質部分的研究工作。1957～1959 年間，技
術人員在對實測資料進行整理分析的基礎上，提出了有關河口潮汐、泥沙運
移、河床演變等特性研究的報告，對錢塘江河口特徵有了初步的較為全面的
認識。〔註23〕

　　伴隨基礎科研工作不斷取得進展，錢塘江防治方案也不斷湧現。一種是潮
汐發電，綜合利用錢塘江潮汐資源；另一種是建設攔江樞紐工程或人工島，削
弱或消滅湧潮。

圖 2-3　1957 年錢正英陪同蘇聯專家考察錢塘江赭山灣

右坐二為錢正英，坐四為列維。

資料來源：戴澤蘅提供。

〔註22〕黃勝與戴澤蘅是大學同學。
〔註23〕李海靜、王淼，親歷錢塘江治理工程的回憶——戴澤蘅、李光炳訪談錄〔J〕，
　　　　中國科學技術史，Vol.15，No.2：218。

圖 2-4　1957 年省水科所辦公樓前

左一：戴澤蘅，右五：李光炳。

資料來源：戴澤蘅提供。

2.2.1 綜合開發，潮汐發電

　　正處於「大躍進」時期的中國，各個領域均掀起建設的高潮，水利作為農業的命脈，更是國家建設的重點。1957 年冬和 1958 年春，國家提出全民向大自然進軍，中國進入「向山要地，向水索糧」的水利建設高潮期。〔註24〕

　　1958 年 10 月，中國科學院與水利電力部聯合在上海舉行全國潮汐發電會議，會上提出「小型大力發展，中型進行試點，大型積極研究」的潮汐發電建設方針，全國各地掀起潮汐發電熱潮。錢塘江作為全國潮差最大的河口，成為此次會議上的中心議題。技術專家設想在乍浦或澉浦建設大型潮汐電站，初步估算兩地可分別裝機 472 萬和 249 萬千瓦，年發電量 130 億千瓦時和 68.5 億千瓦時。會議認為錢塘江有希望建成大容量潮汐電站，總結報告中建議將錢塘江過去一整理為主改變為綜合開發資源（尤其是潮汐動力資源）為主的方針。〔註25〕

　　1960 年 3 月，譚震林副總理指示：積極加強對錢塘江潮汐電站的科學研究工作。1960 年 4 月 20 至 26 日，國家科委和水利電力部主持，在杭州聯合

〔註24〕國務院第七辦公室發言人談農田水利建設工作，農田水利建設大躍進〔M〕，
　　　　北京：人民出版社，1958.1。
〔註25〕錢塘江志編纂委員會，錢塘江志〔M〕，北京：方志出版社，1996：401。

召開錢塘江河口綜合防治開發科學技術工作會議和全國水輪機科學技術問題座談會，政府、勘察設計、科研機構、高校等 77 家單位參會。此次會議是在 1958 年全國潮汐發電會議的基礎上召開，主要圍繞著潮汐發電，就河口樞紐、江道整治、潮汐電站等宏偉建設的科技問題分為 5 個專業組進行討論。會上修訂了錢塘江河口綜合開發問題項目表，項目分為 9 大類，41 個研究方向，168 個研究項目，與國內數十個勘測設計和科學研究院所、高等學校等單位，簽訂了 163 份協議書，準備開展廣泛的科技攻關。會議建議在國家科委水利組下設錢塘江分組，組長由馮仲雲〔註26〕副部長擔任。

當時，世界上潮汐發電也尚處於探索階段，只有法國修建了一座 24 萬千瓦的朗斯電站，大型電站僅停留在初步研究階段。潮汐電站一次性基礎投資大、電力不穩，需大型電網調節。且錢塘江河口潮差與國外優良電站站址的潮差相比小三分之一，單位千瓦的造價將更高，站址低潮位時水深僅 5～8 米，水輪機的運行成問題，電站內外泥沙淤積更是難題。

1961 年，國家經濟困難，中央對國民經濟實行「調整、鞏固、充實、提高」的方針，國家對各類項目展開調查，要求經濟上、技術上條件不成熟的項目緩建或停建。由此，1960 年確定的多數研究項目並未落實。〔註27〕

這次會議推動了錢塘江基礎研究工作進一步深入開展。會後，中國水科院相關專家參與到錢塘江治理工作中，錢功〔註28〕、林秉南〔註29〕相繼來到杭州，華東師大的陳吉余〔註30〕也參與沙坎、地質、河口演變的研究工作。在多位專家的參與和指導下，錢塘江基礎科研工作獲得重大進展。技術人員建造乍

〔註26〕馮仲雲（1908 年～1968 年 3 月 17 日），東北抗日聯軍的著名將領。1930 年畢業於清華大學物理系。1954 年 9 月，任中華人民共和國水利部副部長兼華東水利學院院長、中國水利學會負責人。1958 年，任中華人民共和國水利電力部副部長。

〔註27〕戴澤蘅、李光炳訪談資料。

〔註28〕錢功（1922～1986），浙江杭州人，泥沙運動及河床演變專家。1943 年畢業於重慶中央大學工學院土木系。1948 年獲美國衣阿華大學碩士學位，1951 年獲加利福尼亞大學博士學位。曾任清華大學水利系教授，長期從事泥沙問題及其治理的研究。錢功與戴澤蘅是同學。

〔註29〕林秉南（1920～2014），1942 年畢業於交通大學唐山工學院。1947 年和 1951 年分別獲美國依阿華大學水利碩士和博士學位。中國水力學與河流動力學家。1991 年當選為中國科學院院士。林秉南與戴澤蘅曾在修文水電站共同工作過。

〔註30〕陳吉余（1921～），江蘇省灌雲縣人。1947 年畢業於國立浙江大學（研究生），我國河口海岸學家，中國工程院院士。

浦以上全河口的定床潮汐河口模型；首次對初擬的規劃江道作潮汐水力計算（手算）。1963 年，河口研究所派人前往北京運用我國第一代計算機進行杭州灣潮波計算，開創了我國潮汐河口運用比尺模型與數學模型相結合的河口研究工作。

1963 年，水利學會在北京召開第二次會員代表大學及綜合性學術討論會，浙江派代表戴澤蘅、李光炳參加此次會議。此次學術分組討論七個主要議題，分別為灌溉工程、防治土壤鹽鹼化、灌溉管理、機電排灌、混凝土壩基處理、砂礫石壩基處理、潮汐河口防治。潮汐河口防治組主要討論錢塘江河口潮汐開發利用問題，戴澤蘅、李光炳在會上交流了《關於潮汐河口河床演變及整治的綜合意見》。據兩位先生回憶：該議題能夠引起會議的重視，是因為錢功教授的支持。經過 1961～1963 年的研究，工程技術人員對錢塘江沙坎形成的原因、歷史演變及現代化過程，河槽寬淺、沖淤多變、湧潮強勁等基本特徵，從機理上有所認識，從而制定了減少進潮量、加大山潮水比值的防治原則，並制定局部地段整治圍墾的實施步驟。當時，技術人員制定了全線收窄的方案，但有兩個顧慮，即潮水對塘基的沖刷問題和洪水位退得很高的問題。這次的報告對這兩個問題進行了詳細的分析，通過收集國外相似河流防治的資料以及定床實驗的分析，這兩個問題基本得到解決，為縮窄江道提供了科學依據。

因錢塘江最大的問題是強湧潮，全線縮窄方案只能削弱湧潮，並不能消滅湧潮。因此，另一種意見是攔截湧潮，通過修築長丁壩局部縮窄，修建攔江潛壩、選合適位置興建攔江工程來徹底消滅湧潮。閘址的選擇要根據流域來沙條件，灌溉排澇和航運要求進行具體分析，對閘上下河段進行沖淤計算，做出定量的預報才好決定。此時，工程技術人員深刻認識到建閘後閘下淤積問題。〔註 31〕

根據錢塘江防治工程存在的問題，工程技術人員在《關於潮汐河口河床演變及整治的綜合意見》一文中提出了今後工作重點內容〔註 32〕：

1. 加強現場測驗，提高測驗技術和模型試驗技術，系統地收集和積累資料，繼續深入河口河床演變的分析，以期在不長的時期內確定河口的類型及各類河口整治原則。

〔註31〕關於潮汐河口河床演變及整治的綜合意見，中國水利學會第二次全國會員代表大會及綜合性學術討論會彙刊〔R〕，北京，1963：87。
〔註32〕同上。

2. 緊密圍繞錢塘江、長江口等大河河口河床演變和整治，開展基本理論問題研究，使河口整理建立在正確可靠的理論基礎上。

3. 積極開展治河建築物研究。

4. 通過各種方式，加強國際情報交流，有分析地接受國外近百年來防治潮汐河口的經驗。

錢塘江基礎科研工作有目標、有步驟的深入開展起來。「消滅湧潮」雖未被明確提出，但已成為共識，錢塘江防治工程就是要「興利除害」，條件允許的情況下要「變害為利」，而擋潮建閘是消滅湧潮最好的方式。

2.2.2 擋潮續淡，建造攔江大壩

2.2.2.1 歷史背景〔註33〕

錢塘江首個建壩方案的提出有著特殊的歷史背景。1957年4月，錢塘江上游的新安江水電站建設完成。作為中華人民共和國成立後我國自行設計、自製設備、自主建設的第一座大型水力發電站，該項工程彙集了國內眾多水電專業技術人員、水利施工設備，同時擁有眾多新的施工裝備。這些人、財、物十分珍貴，浙江省希望能留在省內，施工人員也願意留在杭州。在工程尚未完工之時，浙江省相關部門就開始尋找可以留著這批力量的第二個重大水利工程項目。新安江水電工程局局長王醒〔註34〕召集省內水利廳、交通廳部分專業技術人員到新安江工地設想議題省內可能的大型水利工程。水利廳派馮世京、胡繼賢、王魯璠、馬席慶四人，交通廳四人，新安江工程局吳元猷〔註35〕一人向

〔註33〕馬席慶，關於錢塘江治理開發的若干回憶，馬席慶文存──治理錢塘江〔M〕，塘江志編纂委員會，1995：175；李海靜、王淼，親歷錢塘江治理工程的回憶──戴澤蘅、李光炳訪談錄，Vol.15，No.2，220。

〔註34〕王醒（1917～1994），山東萊蕪人。1938年3月加入中國共產黨。1937年9月參加抗日救亡運動。歷任萊蕪縣抗日動委會宣傳員，八路軍山東抗日游擊第4支隊獨立營指導員，萊蕪縣委宣傳部長、組織部長，萊蕪縣政府團委書記兼民政科科長。1949年2月任渡江南下幹部大隊大隊長、浙江省紹興專員公署副專員、紹興地委書記兼專員、浙江省工業廳副廳長、華東水電工程局局長、浙江省電力廳廳長兼新安江工程局局長、浙江省水電廳黨組書記兼廳長。

〔註35〕吳元猷（1915～1989年），浙江海鹽人。1936年畢業於浙江大學土木系。1949年後歷任錢塘江水利發電勘測處工程師兼科長，浙江水力發電處副科長，華東水力發電工程局科長，上海水力發電設計院工程師，新安江水力發電工程局主任工程師、施工處副處長，浙江省水利水電勘測設計院工程師、高級工程師。來源：中國水利百科全書編輯委員會，中國現代水利人物志〔M〕，北京：水利電力出版社中國水利百科全書編輯部編，1994：126。

王醒彙報情況。幾位工程技術人員彙報情況之前已接到指示，此項工程項目要求僅憑 1：50000 萬陸軍地圖進行大膽設想，不需計算論證，工作 2～3 周繪出一張位置圖，點出各個設想項目地點，寫上項目名稱、目的和可能的數字。

在此背景下，馬席慶提出在錢塘江上修建水利樞紐工程，該工程希望通過截引錢塘江清流灌溉下游兩岸平原的大片土地。當時設想在聞家堰修建樞紐工程，因聞家堰處於江道最下游，除解決兩岸灌溉問題還可以溝通運河。

1959 年下半年，新安江工程局的張先辰，交通廳副廳長張志飛，水利廳副廳長吳又新，水利技術工程師馬席慶、張克健、戴澤蘅、李光炳一起在華僑飯店商討錢塘江水利樞紐工程方案。張志飛建議將聞家堰建閘改為七堡建閘，通過計算發現此方案更方便、合理、經濟，便於交通的連接。對潮汐的影響，七堡大於聞家堰。最終方案選址七堡，定名為錢塘江七堡樞紐工程。根據天津海河規劃數據，及 1952 年草繪的錢塘江治導線作為研究基礎，技術人員制定了一條新的治導線，該線延伸至澉浦。方案確定後，水利廳、交通廳、新安江一批技術人員參與到初步設計當中，華東水利學院的一批學生在老師帶領下也來參加工程設計工作。

與此同時，新安江工程局的人員已陸續來杭，在沈塘橋修建辦公和生活房屋。方案定在七堡後，在七堡對岸建造了大量工棚、施工輔助工廠等。

中央水利科學研究院的方宗岱〔註 36〕對此方案提出異議，主張錢塘江下游封堵江口以代替七堡方案。為此在杭召開會議商討此事，水利部副部長劉瀾波、張含英，中央研究院院長方岱宗，浙江省省長周建人參會。方案設計者認為：封堵江道將造成下游淤沙堵塞嚴重，上游將形成淺灘且不能開放利用，施工艱巨且無經驗，工程費用浩大。最終，會議仍認定繼續開展七堡樞紐工程。

錢塘江七堡樞紐工程方案是在特殊的歷史時期、特殊環境背景下而制定的。

2.2.2.2 方案調整

（1）七堡水利樞紐工程

1959 年 11 月 28 日，浙江省委向中央報告錢塘江下游綜合防治工程初步規劃方案。12 月 18 日，周恩來總理批示：原則同意這個計劃。12 月，浙江省人民委員會通過決議，成立錢塘江防治工程委員會，省長周建人任主任委員，

〔註36〕方宗岱（1911～1991），浙江省金華人。1935 年畢業於武漢大學土木工程系，獲學士學位，1937 年獲碩士學位並留校任教。我國著名泥沙專家，新中國泥沙科學事業的創始人之一。

吳憲、徐赤文、王醒、顧春林為副主任委員。1960 年 1 月 20 日，水利電力黨組發出《關於錢塘江下游近期防治工程的意見》。據此，錢塘江防治工程委員會於 2 月 12 日編成《關於錢塘江下游近期防治工程的意見》，選取聞家堰和七堡兩個樞紐備選方案。同月，水利電力部確定為七堡方案。3 月 8 日，浙江省委決定成立錢塘江海塘工程局。5 月，浙江省錢塘江海塘工程局編成《錢江下游近期防治工程初步規劃》，上報國務院。〔註37〕

　　該規劃遵循「全面規劃，綜合利用，統一安排，分期防治」的方針，首先提出整個河口區防治開發的總體規劃概略。近期防治工程以解決杭嘉湖、蕭紹、要被三大平原（包括南沙、北沙）的排澇、灌溉、溝通運河、杭州市給水和環境衛生，整防治道和淤圍塗地為主，同時為提前建設潮汐發電工程積極創造條件。隨之，提出初步設計方案，主要包括七堡、曹娥江兩大樞紐工程，整防治道淤圍工程，溝通運河和引水工程等內容。七堡樞紐主要是堵截錢塘江湧潮區尾稍部分江道。〔註38〕

　　1960 年冬，浙江省交通廳副廳長張先辰進京呈送初步設計方案。隨後，吳又新、馬席慶被電召前往北京，錢正英部長對此方案存有異議。錢部長認為：杭嘉湖平原澇災是主要問題，應首先解決；另，樞紐基礎和相連新江道大量土方借水力沖刷計劃，要先行確定沖到哪裏，如何實施保證。這兩個問題呈送審定之前，七堡樞紐工程停止進行。〔註39〕

　　部分技術工作者認為，此次工程下馬的真正原因在於國家處於困難時期，無力興建如此大規模的工程。此時，七堡工程處在華家池修建的房屋已完成，設計工作人員集中研究杭嘉湖平原排澇問題。幾個月後，七堡工程處改為赭山工程處，隸屬於錢塘江治理工程局，負責錢塘江赭山灣治理工程。水利廳、交通廳已調去從事七堡工程的相關工作人員回原單位工作。

　　（2）黃灣樞紐工程

　　1970 年，正處於「文革」時期，浙江省水利電力廳提出在錢塘江下游的黃灣（地名）建設樞紐工程，調集省內主要骨幹技術力量參與設計此工程項目，很多工程技術人員走出牛棚繼續開展錢塘江防治工程的研究工作，如：戴澤蘅、李光炳、韓曾萃等。

〔註37〕錢塘江志編纂委員會，錢塘江志〔M〕，北京：方志出版社，1998：46。
〔註38〕錢塘江志編纂委員會，錢塘江志〔M〕，北京：方志出版社，1998：401。
〔註39〕馬席慶，關於錢塘江治理開發的若干回憶，錢塘江志編纂委員會，馬席慶文存——治理錢塘江〔R〕，1995：179。

　　黃灣工程初衷就是為了進一步縮窄江道，穩定澉浦以上江道，同時控制湧潮。該方案提出：根據根治要求，大量圍墾海塗，縮窄江道，在海寧縣黃灣（鎮）鳳凰山腳興建擋潮、洩洪大閘，並拋築攔江大壩，以消除湧潮為害，擋潮、蓄淡，控制江道擺動，促使海塗淤漲。同時興建船閘、港口碼頭、潮汐電站、曹娥江疏導以及加固海塘，排、灌配套等工程，達到綜合興利的目的。預期成果：可圍墾海塗 140 萬畝；萬噸巨輪可在杭州灣停泊，3000 噸海輪可直達杭州；兩岸 700 萬畝農田的排灌條件得到改善；電站裝機 3 萬千瓦。〔註40〕

　　黃灣樞紐工程設計擋潮、洩洪大閘按宣洩百年一遇洪水設計，設計大閘總寬 871 米，閘室淨孔寬 760 米，單孔寬 20 米，共分 38 孔，閘底板高程 5 米。攔江大壩主要採用塊石拋築，大壩北接擋潮洩洪大閘，南接新圍墾的海塗圍堤。大閘左側鳳凰山腳興建通航 3000 噸的船閘，閘室淨寬 26.4 米，長 220 米，檻上水深 8 米。船閘上、下游引航道各 1 千米，內設導航，係靠等建築物。隨著閘上航道不斷刷深，對沿江海塘逐步進行加固整修。在保證灌溉和沖淤前提下結合發電，計劃在大閘與船閘間建造河床式電站，裝機容量 3 萬千瓦，初步選用 5 臺 6000 千瓦貫流式水輪發電機組。此計劃還結合圍墾海塗，縮窄江道及曹娥江導流工程一起開展。〔註41〕

　　方案首先上報至浙江省政府，據時任浙江省水利電力廳生產領導小組組長的鍾世傑回憶此事時，談到：浙江省深感工程巨大，需上報國家，以獲得資金的支持。〔註42〕1972 年 12 月 11 日，浙江省革命委員會向國務院上報《關於治理錢塘江問題的報告》及附件《錢塘江下游治理初步計劃》。

　　國務院將該方案轉至水利部，鍾世傑到水利部彙報此事，據他回憶：因軍管會的人不懂水利，便將已靠邊站的錢正英部長請來，軍代表作陪一起談論此事。錢部長提出：「錢塘江湧潮很大，大壩做不起來」。鍾認為：「大壩可以建起。浙江省水利廳已在在海鹽湧潮最兇猛劇烈的老鹽倉的高灘（沙灘）上修築了老鹽倉高壩，雖經歷了多次拋築、搶修，但可以修成，而且很牢固，直到現在都很好。這個試驗可以證明，修築丁壩可以使江道按照我們的意志來固定，況且黃灣江段尚未形成湧潮。」錢部長又指出：「大壩建起，閘下淤積如何處理？」鍾說：「閘下淤積是肯定的。但錢塘江泥沙很細、是粉沙土，粉沙土易

〔註40〕錢塘江志編纂委員會，錢塘江志〔M〕，北京：方志出版社，1998：403。
〔註41〕同上。
〔註42〕筆者對鍾世傑廳長訪談內部資料。

淤易沖，零點幾的流速便可以沖掉」。最終，錢正英部長認為：道理是對的，但沒有試驗，這個事情不能決定。同時，與錢塘江治理工程相關的科研工作仍在進行當中，尤其是物理模型試驗和計算模型試驗。

　　為科學開展治江工程，研究人員於 1960 年建立定床模型，並進行過多次河口治理方案試驗研究，同時嘗試開展動床模型。1973 年以後，錢塘江防治工程主要圍繞著治江圍塗和黃灣樞紐工程展開。1973～1975 年，技術人員提出修改閘址，在漁山埠和潭頭修建攔江樞紐工程。2005 年，技術人員再次提出乍浦建閘方案。工程技術人員利用已較成熟的定、動床試驗及計算模型分析，深入研究兩方案的閘下淤積問題，成功開展了懸沙淤積試驗，為閘下淤積情況提供了試驗支持，但如何解決淤積問題一直沒有清楚的認識。為此，黃灣建閘方案研究了 20 多年，直到改革開放初期，杭州灣解除了軍事禁區的限制，錢塘江的防治工程開始考慮對杭州灣的影響，最終確定黃灣建閘將造成杭州灣淤積，此方案才徹底放棄。1985 年各相關單位一起召開錢塘江防治工程會議，確定取消建閘方案。錢塘江歷次建閘閘址詳見圖 2-5。

<h3 style="text-align:center">圖 2-5　錢塘江河口治理規劃設想位置圖</h3>

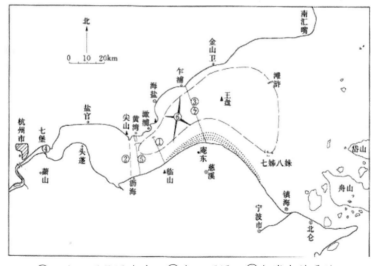

①澈浦口門長壩束窄；②尖山潛壩；③乍浦潮汐電站；
④七堡樞紐；⑤黃灣樞紐；⑥人工島。
資料來源：《錢塘江河口治理開發》，264。

2.2.3 建造人工島

　　20 世紀 80 年代，錢塘江河口段澈浦以上河段基本完成防治任務，僅餘尖

山河段還有大量工程需要開展。河口段以下的杭州灣地區處於長江河口三角洲南翼，臨近上海，杭州、寧波等大眾城市，地理位置優越，對整個華東的社會經濟發展將發揮難以替代的重要作用。此時又正值中國改革開放之初，杭州灣也從過去的軍事要地轉變為改革開放的前沿窗口地帶，進一步對杭州灣的開發利用引起浙江省的關注。

1985 年，錢塘江北岸深水岸線的開發利用問題引起各方關注。當時提出了兩個遠景開發規劃方案：一是通過圍海造陸，維護北岸深槽不發生淤積，而產生建造人工島的設想；二是南岸大片圍塗工程，主要圍塗慈谿、鎮海兩縣分別向北、向東伸展的邊灘，將慈谿市西段與餘姚市在河口段的圍塗相接。

人工島方案原設想自澉浦稍上斷面向下至金山稍下斷面，連接灘滸、七姊妹諸島，總面積達 210 萬畝。該方案旨在將杭州灣改成南北兩股分汊水道通流、通航，中間自上而下築堤形成囊袋，攔截漲潮流帶來的泥沙，待淤高一定高程後，修築南北向堤塘，圍海造地，分段促淤，分段圈圍，詳見圖 2-6。此方案將杭州灣喇叭狀（三角狀）強潮河口改變為分汊河口。

圖 2-6　杭州沖淤變化及人工島設置示意圖

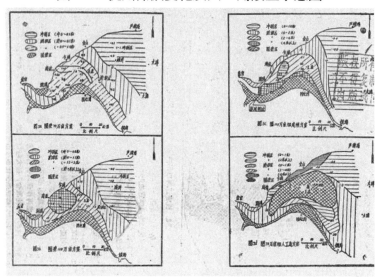

資料來源：檔案資料

一直以來，錢塘江防治工程就是與錢塘江湧潮作鬥爭，力圖減小或消滅這一災害。同時，工程技術人員對治理潮災採取謹慎的態度，技術報告中更多的提到「減小湧潮」，人工島方案同樣如此。該方案提到「可能會使湧潮消失」。

同時，工程技術人員也認識到：作為自然景觀，錢塘江湧潮具有獨特性和觀賞價值；考慮經濟發展、土地需求，可以捨棄湧潮景觀，設法保留一個規模較小的潮景。可見此時已有保湧潮景觀的聲音，為社會服務、滿足社會發展的需求仍占主導地位。

戴澤蘅總工在設計此方案時，也提出方案不成熟、有爭議、需進一步研究等四個方面的內容〔註43〕：

1. 改變河型是否可能。此時，對錢塘江河口演變已有深入而明確的認識。工程技術人員認為人工改變是可以做到的，關鍵問題在於是否需要改變，改變過程中及改變後利弊如何，需要慎重的分析研究。

2. 泥沙補給數量與淤積成陸時間。泥沙主要來自長江口和外海，及杭州灣內下彎段與近岸海底沖刷再懸浮的泥沙來補給。當時測算期望在20年內淤積成陸，40年內可圍塗120萬畝。人工島的規模大小、成陸高程可進行調整，荷蘭已具有成熟的圍塗技術和經驗可借鑒。

3. 湧潮存亡及生態環境問題。人工島修成後，湧潮可能消失，至少是減弱。自然奇觀的減弱或消失是一件憾事。需在經濟開發、土地需求之間進行權衡選擇，側重與服務經濟建設的需要。另，對海生生物生態環境的影響問題，需要水動力、沉積與生態學家的協同研究來探明。

4. 對港口航道的影響。杭州灣吞吐潮量大幅度減小後，必將導致島下游水域的淤積。最擔心的是金塘水道和北侖等寧波、舟山間海域的淤積；其次是島下游北汊出海航道的淤積；最後是舟山群島西側海域的淤積影響衢山、岱山、泗礁、大小洋山諸島深水岸線的利用。

同時，他指出此方案是中遠期的開發方案，還難以確定。人工島方案涉及面甚廣，問題較多，關鍵問題是要初步論證其規劃的合理性和可行性，尤其是對生態環境的影響問題，應該分階段由粗到細逐步研究。老先生以極其認真負責的態度指出：「此方案僅為自己極其粗淺的討論，還難以對其作出肯定或否定的答案，雜亂書此，聊供後人參考。」〔註44〕

2014年夏，筆者對戴澤蘅老先生就錢塘江防治過程進行口述訪談，談到人工島問題，戴先生說：「錢塘江河口的問題很複雜，杭州灣建人工島的方案很難，這樣會嚴重改變自然生態，是不合理的。」

〔註43〕戴澤蘅，錢塘江河口治理的回顧與思考〔J〕，河口與海岸工程，2000：82。
〔註44〕戴澤蘅，錢塘江河口治理的回顧與思考〔J〕，河口與海岸工程，2000：83。

2.3 科學規劃，確立治導線

錢塘江「治江圍墾」工程開展以來，到 20 世紀 80 年代兩岸已圍墾灘塗 100 多萬畝。根據浙江省水利廳制定的《錢塘江圍墾海塗建設規劃（1984～2000 年）》文件提到：20 世紀內規劃開發灘塗 100 萬畝，其中錢塘江河口南岸 25 萬畝。〔註 45〕通過圍墾獲得土地以彌補浙江人多地少的不利形勢，伴隨著改革開放的進行，土地成為最為緊俏的資源和商品。錢塘江是否可以隨意圍墾？圍墾的限度在哪裏？這是必須回答的科學問題，也是事關治江工程成敗的關鍵因素。

錢塘江防治工程開展初期，工程技術人員首先關注的是錢塘江泥沙的來源、泥沙量問題；其次是治理原則問題，即加大進潮量還是減小進潮量；第三是規劃河寬問題，江道寬度如何確定；第四是河流的走勢問題，即江道設計更為彎曲還是曲直，彎曲率和線路該如何設計的問題。這些問題是錢塘江防治工程的根本原則問題。工程開展初期，基礎數據資料尚未研究透徹，對河流特性缺乏科學系統的認識，技術人員不能科學地制定防治原則。但是，每期防治工程都會劃定治江規劃線，採取儘量放寬、保留餘地的方式開展治江工程。

伴隨科學研究的深入，數學模型與物理實驗模型的建立，最終確定科學的治導線。這是一個逐步摸索、漫長的研究過程。

2.3.1 治江圍塗與圍塗治江〔註 46〕

赭山灣工程完成之後，對錢塘江江道整治的基本途徑出現三種意見：一是，淤到哪裏，圍到哪裏；二是，乘淤圍塗，以圍淤為主要手段。根據已掌握的河道變化規律制定一條治導線，治導線以外的塗地只要可能儘量圍入，到治導線為止；三是，以整治江道為主，淤圍塗地是江道整治的重要項目和成果，也是整治的末後一個階段，是一項輔助整治的措施。

第一種方案「淤到哪裏，圍到哪裏」是單純以圍墾為目的，放棄了河道規劃。另一方面，此方案過分強調圍塗，而未考慮到對岸的安全，錢塘江兩岸坍漲往往是相對而行。若出現連旱幾年或淤漲很多，無目的的圍墾會造成某段江道過窄而妨礙排洪。此方案也放棄了社會發展對錢塘江通航的需求。

第二種方案「乘淤圍塗」以圍塗為主要手段，在治導線外淤高一塊圍墾一

〔註 45〕浙江省水利廳文件，浙水墾（83）第 37 號，浙江省檔案館：J-121-21-474。
〔註 46〕此部分內容筆者參閱了馬席慶撰寫的《對錢塘江下游治理的意見》，該文是馬席慶先生在浙江省水利學會第四次代表大會上交流的文章。

塊，幾乎完全利用自然淤積的動力，而治導線則順乎河流天然的自我形成能力。聽任自然淤積，何時能淤高達到圍墾高程無法預期。錢塘江江道坍漲劇烈，沒有預先計劃，很可能尚未圍塗已發生坍失。1983 年鹽官尖山靠北岸海塘的大片灘塗就出現這種情況。從經濟社會的發展角度來看，此方法所需時間過長，所需人力、物力過大，會造成浪費。且施工過程中，此方法因圍堤防護基礎淺，江槽變動易造成護面陷落，圍堤出現險情。

當時，馬席慶認為圍墾費工、費時，是因為當時採取逐丘向外圍墾的辦法，每丘呈一狹條、長度大，圍堤護面（包括護坡、短丁壩或盤頭）須遍布全線，並要達到同一強度；多次圍淤方可達到治導線，需要多條圍堤；每丘需要排水設施，第二丘後需要建大的排水涵閘。

事實上，馬席慶反對此方案的真正原因，也是防治工程中最為重要的原因，即治導線問題。第一種方案按照江道自然調整形成的線路，必然是初步、粗略、不盡合理的。第二種方案「乘淤圍塗，以圍代壩」的方式，初期會出現主觀武斷因素成分較多，隨意劃出治導線，沒有可能是江道逐步自我調整，形成接近理想的江槽，整治難以得到好的結果。圍墾之後，將很難對江道進行再調整。馬席慶認為：60 年代後期大規模圍墾的成功，要歸因於 60 年代中期以前整治江道工程使泥沙淤積到預期的點。當江道穩定，泥沙淤積穩定後，乘淤圍塗才是可行的，才不會再次發生坍江。

第三種方案也是馬席慶認為唯一可行的途徑。先根據江道形勢、潮流山水流的趨向，修築幾個節點，節點附近江槽束狹，使江槽擺動限制在節點處，節點上下游大大縮減。隨節點工程的進展，節點工程根部首選淤積，淤積逐漸擴大，終止兩個節點間淤積連成片。江槽自然蜿蜒擺動於節點防治，初步的江道線路可以自然形成，此時可用工程固定凹岸，而聽任凸岸自由伸縮，或必要時在凸岸略加輔助工程。一級節點工程如果距離過遠，節點間的江槽仍然擺動劇烈，江槽過寬，也需要在兩個節點工程之間加建一道或二道二級節點工程後，再聽江道自然蜿蜒，固定凹岸，自上游向下游逐步固定。經過這種步驟形成的江槽，江面寬度、彎曲度，擴展度等可以期望接近於理想，其山水、潮水的比例可以期望接近於不淤的比例。節點工程主要通過修築長、短丁壩或盤頭來完成。

今天看來，錢塘江防治工程防治理念和防治方略的確立是幾代工程技術人員從不同角度分析研究、不斷探索才逐步形成的。同時，政府、主管領導、群眾的圍墾熱情，及實踐中形成的經驗教訓亦不容忽視，實踐經驗成為防治工

程的推手。主管領導對技術的尊重、對圍墾工作的熱情、善於組織群眾的工作能力，最終促成「治江圍墾或圍墾治江」的成功實施。工程技術人員的理性、批判及其嚴謹的治學態度又不斷對防治理念和防治方略進行糾正和調整，使其更為科學、合理。

經濟社會的發展，大規模群眾圍墾變為奢望，科學研究的推進和發展，促成了 20 世紀 80 年代後期防治理念、防治方略和防治手段的改變，使治江規劃方案走上一條更為科學、合理的道路。

2.3.2 治導線的多次調整

2.3.2.1 治導線的初定

1952 年，馬席慶制定的防治原則已明確提出減小進潮量，消減潮勢。這與民國時期制定的加大進潮量的方案有著本質的區別。20 世紀 60 年代，對錢塘江泥沙來源、江底沙坎的形成問題已有了深入認識，也進一步從理論上確立了「減少進潮量」的防治原則，為縮狹江道奠定了理論基礎。另一個關鍵問題是：錢塘江江道的走勢問題，是平直？還是彎曲？怎樣的彎度才是合適的？治導線如何確定？20 世紀 80 年代，錢塘江下游海寧鹽官以下江段的防治工程必須要回答和解決這些問題。

20 世紀 60 年代以後，伴隨防治工程的開展，錢塘江大橋至老鹽倉一帶河道基本穩定，形成了南岸以赭山、青龍山、蜀山、尖山、美女山天然山體為據點，北岸以老海塘為據點的治導線。但此治導線缺少對上遊山水的數據演算來推算山水的洪峰流量問題，數據的計算工作量相當大。從技術角度來看，洪水頻率曲線對於精確規劃治導線是最為重要、最基本的數據。因為通過洪水頻率曲線的計算可以估計出某個頻率洪峰流量是可能沖刷江底的深度。

另一方面，潮汐河口治導問題，需要考慮最大山水泄量外，還需預計希望引入的最優進潮量（河口段江道寬度將直接影響進潮量）。進潮量的大小直接影響著航運及湧潮對江岸的壓力。技術人員提出：在河口一定潮差的情況下，河口喇叭口的大小是一個關鍵的技術因素，即擴展度的大小，河流每向下延伸 1 公里每一邊的河岸展寬是多少；河口擴展度大小與河道彎曲狀況及彎曲度、河岸與河床土質密切相關。〔註47〕

〔註47〕馬席慶，關於錢塘江下游河口段的幾個問題；錢塘江志編纂委員，馬席慶文存
——治理錢塘江〔R〕，1995：103。

錢塘江初期治導線是根據海河的擴展度來計算的。因兩河河性特徵完全不同，且錢塘江防治工程已開展多年，基礎科研和技術水平不斷深入，錢塘江自然河勢也在發生變化，此治導線需進一步修正完善。

錢塘江已確定實施「減小進潮量，減弱潮力」的防治理念和原則，故江道防治工程應維持河道彎曲，甚至可人為加大河道彎曲度。

2.3.2.2 尖山河段治導線的調整

尖山河段北岸岸線小尖山以東為山體，以西是海寧明清老海塘；南岸自蕭山頭蓬經新灣折南至紹興三江閘，東段自上虞瀝海、臨海浦到餘姚三閘。兩岸堤距寬達 22～27 公里，主槽在兩岸間游蕩擺動。海寧大缺口至海鹽澉浦江段俗稱尖山河灣，此處為錢塘江上又一大的彎道。赭山灣防治工程完成後，此江段成為河口防治的重點。因此江段岸線較長，河道形勢複雜特殊，故防治工程分期逐步開展。

1985 年，杭州八堡至澉浦河段江道寬度為 5～20 公里，主流在 5～15 公里範圍內擺動，需進一步縮狹江道，從而改善防洪、航運及鹹潮入侵問題，由此制定八堡以下至澉浦 35 公里的「尖山河段治導線初步設計」。

1963 年尖山北沙逐步形成，隨後每年面積逐步擴大，至 1968 年已達到 38 萬畝，正處於北岸八堡至鼠尾山之間。該江段江灘往往在枯水年形成，豐水年則會受到侵蝕而消失。1969 年因「7.5」洪水而發生坍蝕，但江道未發生改變。

根據尖山河段歷年實測情況來看（詳見表 2-1），尖山河段漲落潮流路不一致，表現為「潮水走南，山水走北」的情況。同時，1978～1979 年，蕭山四工段至十工段再次進行圍墾，使海寧河寬自 4 公里減小到 2.5 公里。經過 1968 年的大圍墾後，錢塘江河口已圍墾 80 多萬畝，江槽形勢發生明顯改變。1985 年，江流主槽穿過鼠尾山以上灘面，使江道分成南北兩汊，中間為中沙所隔，後因南汊堵塞而逐步衰亡。

表 2-1　尖山河段歷年江道走勢統計

年份（年）	走　北		走　中		走　南	
	次數	頻率（%）	次數	頻率（%）	次數	頻率（%）
1954～1983	30.5	30	52	55	14	15
1955～1968	13	29	19	43	13	28
1968～1983	17	34	35	64	1	2

　　在確定尖山河段整治規劃時，必須預測到整治後江道面貌。根據江道實況及八堡以上江段圍墾整治實踐與實測資料，來確定尖山河段設計原則：尖山河灣段治導線及規劃河寬初步設計儘量使漲落潮路盡可能歸一，減低過渡段河底高程，並盡可能不影響金山至海鹽一代的建港條件，減少北岸圍墾後對南岸及上下游造成的不利影響。此時，治導線平面位置有北、中、南三個比較方案。初步方案設計者通過對近 30 年（1953～1983 年）江道地形圖的河床演變分析及數學模型計算，綜合考慮河勢、防洪排澇、防洪拒鹹、工程量、投資與效益，認為「走中」更接近天然漲落潮流路，治導線易於實施，且該方案可提前十餘年圍墾十餘萬畝土地。與此相比，「走南」方案將抬高閘口、聞家堰洪水水位 0.6～0.7 米；「走北」方案與天然漲潮河勢不一致。〔註48〕

　　工程技術人員通過二維數據模型計算尖山河段圍墾後對杭州灣水流、泥沙、河床形態的影響，同時要考慮尖山一帶圍墾儘量避免對南岸堤防造成過大壓力。由此提出兩個圍墾方案：一是，將澉浦河段寬度定為縮狹至 18 公里，尖山河段圍塗 30 萬畝，杭州灣南岸圍塗 40 萬畝。此方案金山斷面潮量北岸減少 4% 左右，南岸減少 12% 左右；泥沙淤積厚度為 0.6 米，該方案仍不利於江道通航及淡水資料的利用；另一個方案是，澉浦河段河寬縮狹至 12 公里，尖山河段圍墾 70 萬畝，杭州灣南岸圍塗 40 萬畝。前一個方案對杭州灣淤積影響要輕很多，所以選定第一個方案，詳見圖 2-5。此方案同時也指出，在保護港口及航道資源的前提下，杭州灣圍墾工作逐步實施、逐步觀測，待研究明確後在進行調整。

2.3.2.3 尖山治導線的再調整〔註49〕

　　錢塘江治導線的制定是隨著江勢、河道的變化不斷修訂調整完成的。1985 年秋季，錢塘江發生大潮汛，南北兩岸江灘發生變化。北岸尖山河段新倉至鼠尾山間的北岸江灘被落水沖坍，河勢發生變化，江道主槽緊挨北岸塘腳。南岸蕭山十工段至曹娥江口（西）堤外出現淤漲。至 1986 年春，正在施工的十工段、十七工段堤外出現淤漲高灘，面積達到 9 萬多畝。南北兩岸間的中沙面積達到近 6 萬畝，且灘面較高。根據實測水文數據 1985、1986 年屬於偏枯水文

〔註48〕韓曾萃、余祁文，錢塘江尖山河段治導線初步研究〔R〕，浙江省河口海岸研究所，1985，1。

〔註49〕韓曾萃、余祁文，錢塘江尖山河段治導線調整補充分析研究〔R〕，浙江省河口海岸研究所內部資料：G2-46-6，1986：9。

年。工程技術人員依據眾多因素分析決定對 1985 年制定的尖山河段治導線進
行重新調整，見圖 2-7。

圖 2-7　1985 年尖山河段規劃治導線布置圖

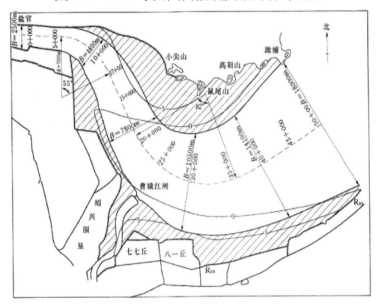

在此過程中，有關尖山河段治導線的討論出現三類意見：一是，順應自然。
錢塘江河道擺動頻繁，沖淤多變，確定一條治導線較困難，不如順其自然，漲
到哪裏就圍到哪裏；二是，單一治導線原則。在掌握河道規律的基礎上，從整
防治道、綜合開發錢塘江淡水、灘塗、航運等資源出發，應制定一條治導線，
並嚴格按照實施；三是，單一治導線與因勢利導原則。在總體上應有一條治導
線，但因江道多變，加上人民認識的局限性和研究水平的現狀，在不影響總體
規劃的前提下，為便於「因勢利導」進行防治，實施過程中允許治導線有一定
靈活變動範圍。

根據以往工作經驗，尤其是赭山灣防治經驗，工程技術人員認為尖山河段
防治工程將應用第三種意見，在遵循原有治導線規劃方案的基礎上，根據河流
的天然河勢進行適當調整。實施過程中，規劃治導線的確立應符合天然河勢和
「因勢利導」的防治原則，兼顧防洪、淡水資源利用、航運開發及工程難易程
度和兩岸有關圍墾積極性等因素。

此次方案主要對 1985 年「尖山河段治導線初步報告」中提出的治導線規
劃方案進行調整，主要涉及以下內容：

1. 北岸八堡至塔山壩間灘塗沖淤頻繁，圍塗工程難度較大，將原規劃北岸的圍塗面積縮小，同時擴大南岸蕭山的圍塗面積。

2. 物理模型試驗顯示：北岸圍塗將加重漲潮流對南岸堤防的頂沖作用，故北岸治導線向後退，圍塗面積由 18 萬畝減小到 8 萬畝。因尚未能明確北沙圍塗對長山閘、秦山核電站取水口一帶江道及杭州灣北岸深槽的影響，故北沙圍塗工程仍需繼續研究。

3. 因尖山河段圍塗對杭州灣的影響，澉浦河寬仍暫定 18 公里。因此處為彎道，彎道上邊界（八堡）2.9 公里，下邊界（澉浦）控制在 18 公里，彎道平面形態參數按錢塘江、曹娥江彎道平面形態參數經驗公式計算，調整的治導線向北移動 2 公里左右。北岸圍塗面積減小，南岸十工段至曹娥江口圍塗由原來的 5 萬畝增加到 9 萬畝，曹娥江口移動由原來的 8 萬畝增加到 18 萬畝，總圍塗面積為 35 萬畝。

錢塘江湧潮在大尖山附近形成。伴隨錢塘江河口自上而下的防治圍墾工程，河床動力條件發生改變，使得尖山河灣平面形態出現逆時針方向選址，灣頂隨之下移至餘姚臨海浦閘附件，澉浦斷面南岸漲潮流方向與岸交角增大，致使南股槽（南岸上虞八一丘以東的中沙與上虞東線和餘姚西線海塘間水域被稱為南股槽）進口段動力增強，江道內的中沙進一步淤漲，將江水流路分為南北兩股江槽。1986 年，尖山河灣主槽出現自南向北的擺動，南岸曹娥江以西出現淤漲趨勢，曹娥江以東的南股槽並未萎縮。在河床演變學中，尖山河灣河勢的這種表現被稱為「局部撇彎切灘」，且南股槽屬於漲潮沖刷槽，難以萎縮和消亡。同時，南股槽受壓縮的漲潮流逼向塘腳，使沿線海塘險情加重。且南岸治導線穿過中沙，為此提出整治南股槽的促淤工程。

工程技術人員通過河床演變分析，結合南股槽內水、沙運動特點，提出兩者防治方案：一是，截堵方案，截堵點位置不同又分為上、中、下三種方案。即通過在江道內實施潛壩工程，消減進潮量，緩解上虞、餘姚沿線海塘的險情；二是，因勢利導，自上而下促淤圍墾。此方案在充分利用曹娥江口淤漲，南股槽出口末端向北延伸並出現淤積的有利時機，對高速閘以西灘塗進行促淤圍墾，加速南股槽的萎縮。通過促淤圍墾、在促淤再圍墾的方式逐步向下游推進，以此來消滅南股槽，從而實施完成南岸治導線。根據當時的實情，地方政府更希望通過圍墾的方式來解決此問題，最終選定第二種方案來防治南股槽。而此方案也尤其不利之處，南股槽沿岸有上虞的東進閘，下游有上虞港貨碼頭，

進口處有餘姚臨海浦閘。圍墾促淤工程將使兩閘和碼頭出現淤積問題。

1986 年至 1999 年，兩岸在治導線內實施圍塗工程，共新圍灘塗 23 萬畝，上虞北岸 7.5 千米已達到治導線。尖山河段河寬已大幅度縮窄，其中曹娥江口以西河寬縮窄約 80%，堤線外移 13 千米，曹娥江口至東進閘段縮窄月 52%，南岸堤線外移 8～11 千米，東進閘以東縮窄 10%，堤線外移 1～2.5kn，曹娥江出口從原三江閘向東北方向推進約 18 千米。〔註50〕

尖山河段防治工程自 1985 年確定基本治導堤線後，因 1986 年江道河勢發生改變，而對尖山河段上半段治導線進行調整，保持 18 千米河寬不變向東北方向推移約 2 千米，調整後的治導線成為兩岸圍塗的新堤線。兩岸堤距變化情況，詳見表 2-2。尖山河段治導線調整後，一方面可以形成一個彎道，使上游潮差變化幅度減小，江道更為穩定；另一方面，利用尖山河段彎道有利於解決曹娥江出口建閘的閘下淤積問題。顯然，尖山河段治導線調整後實現了以上兩個防治目的是非常重要的。

表 2-2　錢塘江河口尖山河段防治圍塗前後沿程堤距變化

地　點	北岸	鹽官	十堡	尖山	澉浦
	南岸	蕭圍	十二埭	瀝海	相公壇
堤　距 （千米）	防治圍塗前（50 年代）	11	20.5	28	20.8
	防治圍塗後（1989 年代）	2.5	4	14	19

資料來源：《錢塘江河口尖山河段整治規劃》，p9。

2.4　全線縮窄江道方案的實施

自 20 世紀 50 年代，錢塘江防治工程就提出「縮狹江道，減小進潮量」的總體防治原則。20 世紀 60 年代，伴隨基礎科學研究的不斷推進，及國內專家學者的參與，尤其是錢功教授的指導，全線縮狹江道的方案被進一步認可，並逐步開展實施，逐步修訂過程中不斷完善。回顧幾十年江道防治的過程，該方案一直遵循著如下幾條原則〔註51〕：

〔註50〕浙江省河口海岸研究所，錢塘江河口尖山河段整治規劃〔R〕，錢塘江尖山河段治理規劃有關文件彙編（1985～2008 年），浙江省水利河口研究院，2010。
〔註51〕浙江省河口海岸研究所，錢塘江河口治理及岸線規劃研究〔R〕，錢塘江尖山河段治理規劃有關文件彙編（1985～2008 年），浙江省水利河口研究，2010。

1. 歷史上，錢塘江河口歷經南大門、中小門、北大門三條江道。18 世紀中期形成了北大門線路，後雖有多次南遷趨勢，因技術的進步而被人力所阻止。在治導線規劃中，河道線路保留了赭山灣、老鹽倉灣、尖山河灣等天然彎曲河段，已適應自然河勢。

2. 錢塘江河口段全線縮窄後，增大了山潮水比值，從而有利於降低沙坎下降、河床穩定、圍墾灘塗，同時不可妨礙洩洪、海塘安全及保護杭州灣北岸深槽的水深，維持其萬噸級碼頭及航道水深的要求。

3. 治導線的規劃充分利用已有山體和主力壩作為控制河勢的節點，同時利用堅固的明清石塘作為永久性岸線，以節省治江費用。

4. 工程實施過程中，根據河勢變化，因勢利導，並考慮施工的可能性，對局部河線作出必要的調整，合理安排施工布置。

根據這些原則，錢塘江江治理規劃線多次進行調整，但每次均將老鹽倉至尖山的 33 公里長的明清魚鱗老海塘作為永久性防護岸線加以保護。20 世紀 90 年代後期，作為錢塘江全線縮窄方案的一個部分，錢塘江海塘管理局對明清魚鱗老海塘開展了加固工程。錢塘江江道路線以深泓線出現幾率最多的線路為準，同時滿足因勢利導和儘量利用已有海塘和山體的原則來確定。工程實施過程中，採取長短丁壩相結合、促淤圍墾的方式來施工。

伴隨社會經濟形勢的發展，20 世紀 80 年代制定尖山河段治導線時，面對全面開放的杭州灣，及杭州灣北岸金山、乍浦、秦山等地已在建設或籌建工業和港口碼頭，杭州灣北岸深槽防淤問題被納入到澉浦以上河段防治工程的考慮範圍內。該方案的確立與比選需考慮更多的因素。

20 世紀 90 年代初，面對南岸深槽及尖山河段防治工程對杭州灣的影響，將尖山河段規劃與杭州灣的防治開發相結合，進一步論證尖山河段治導線的合理性。與此同時，《曹娥江出口江道整治河線規劃研究》將曹娥江河口防治與尖山河段防治工程相連，尤其是對尖山河段治導線的實現問題進行決策，從而使尖山河段治導線的研究更為完整。

尖山河段處於錢塘江河口段向杭州灣過渡的十分特殊而敏感的位置。該河段防治工程不僅可以穩定該段江槽，控制河勢，改善航運條件及開發大片灘塗資源，而且可藉此在一定程度上消除防治過程中局部河段出現的潮差增大、湧潮增強、排澇困難等問題，並為與杭州灣的綜合利用規劃向銜接打下基礎，是實現錢塘江河口防治目標最為關鍵的一步。

　　1995 年，科技工作者在以往工作的基礎上提出《錢塘江河口防治及尖山河段岸線規劃》。1996 年 5 月，浙江省人民政府邀請全國政協副主席原水利部部長錢正英為專家組長，中國科學院嚴愷院士、水利部副部長嚴克強為副組長，同時邀請國內其他水利專家參加「錢塘江河口整治及標準塘建設項目論證會」，會上對尖山河段治導線給予肯定。〔註52〕在此基礎上，浙江省水利廳邀請國內水利專家參與論證，組織兩岸地市縣參加多次討論，於 1997 年 11 月 13 日通過《錢塘江海塘堤線規劃》。1998 年 4 月，浙江省人民政府批准了《錢塘江海塘堤線規劃》中所確立的治導線，因其中尖山河段上游幾個技術問題需進一步補充分析，遂將其定為初步規劃線。初步規劃線採取」尖山河段防治工程秉承全線縮窄方案，經河床演變、比尺模型和數學模型計算，推進走「中」線路，海寧十堡堤距為 3 千米，澉浦堤距為 18 千米，按線性放寬，從十堡向下游布置兩個反曲的彎道與杭州灣銜接。至此，尖山河道的大格局已確定，也就是說錢塘江防治工程的總體布局已基本完成，詳見圖 2-8。〔註53〕

圖 2-8　1997 年尖山河段海塘堤線規劃示意圖

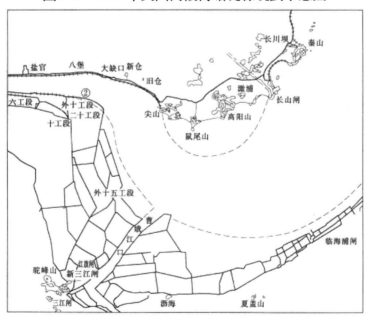

　　自 20 世紀 50 年代，錢塘江防治工程經過近 50 年的不斷探索、開展，歷經搶險、縮狹江道、圍墾防治、防治圍墾、潮汐發電、建閘攔潮、消滅湧潮、

〔註52〕錢塘江志編纂委員會，錢塘江志〔M〕，北京：中華書局出版社，1998。
〔註53〕浙江省河口海岸研究所，錢塘江河口尖山河段整治規劃〔R〕，2001：1。

人工島等多個方案，實踐搶險工程中，確立了「縮狹江道，減小進潮量、丁壩促淤、乘淤圍塗、以圍代壩」的防治理念，從而開創了錢塘江兩岸「治江與圍塗」相結合的江道防治方式，即解決了江道擺動問題，又圍墾開發了大片土地，滿足了浙江經濟社會發展的需要。

1998 年，錢塘江下游江道治導線初步確立，但仍存在一些新的問題，成為留給 21 世紀工程技術人員新的研究方向和研究內容。

2.5 保護湧潮，綜合利用 〔註54〕

20 世紀 80 年代後期，改革開放已成為中國一項基本國策。經濟社會發展對錢塘江河口與杭州灣的防治開發利用提出新的要求。20 世紀末，尖山河段治理開發已基本完成，未來錢塘江河口段及杭州灣的綜合利用問題成為研究的關鍵。21 世紀初，河口段與杭州灣面對新的社會需求，其治理開發利用也進入一個全新的階段。根據現實需求，防治原則轉為以港口航道資源開發為先導，適度圍墾灘塗作為發展外向型工業基礎和發展創匯農業用地。錢塘江河口及杭州灣治理開發由單一型向綜合型轉變，並以取得經濟、社會和環境的最大綜合效益作為規劃目標。

20 世紀 80 年代，隨著技術的進步和國內外交流的增加，錢塘江防治工程的主要工程技術人員對待湧潮的態度也逐步發生改變。此前，大家一致認為：錢塘江湧潮是錢塘江最大的災害，對海塘破壞力極強，是導致兩岸災難的直接原因。因此，要想根治錢塘江的問題就要消滅湧潮，這一觀點已深入到每位錢塘江防治工程主管者的意識深層，防治方案的制定也是沿著這一理念開展。20 世紀 80 年代，伴隨與國外學術交流的不斷加強，國外的學者對湧潮的態度和看法影響了相關工程技術人員。1981 年 10 月 21 日，受上海航道局邀請，美國海洋專家一行來上海訪問，專家團提出要來杭州觀賞「錢江潮」。錢塘江海塘工程局局長余大進和總工程師韓曾萃接待了專家團的來訪，並詳細介紹錢塘江防治工程，提到「消減、消滅湧潮」的防治理念。美方專家團立即對此觀點表示反對，認為：「現代工程技術手段完全有條件修築一條堅固不受湧潮破壞的海塘，應該保持湧潮景觀。」此後，錢塘江海塘工程局又相繼接待了日本、

〔註54〕戴澤蘅、趙雪華，錢塘江河口及杭州灣綜合開發治理規劃〔R〕，錢塘江尖山河段治理規劃有關文件彙編（1985～2008），浙江省水利河口研究院，2010：1。

臺灣學者的來訪，都表達了應保護湧潮景觀的觀點。〔註55〕

圖 2-9　上海站貼出關於「歡迎美國專家團來訪」的橫幅

國外專家對待湧潮的態度和觀念深深影響了從事防治工程的工程技術人員，使得工程技術人員、主管領導逐步轉變觀念，意識到「湧潮景觀」所具有的獨特價值和文化內涵。特別是科技的進步，堅實的技術實力作支撐使科技工作者有勇氣面對湧潮可能帶來的危害。20 世紀 90 年代標準海塘修築項目的開展，使得工程技術人員更有底氣和信心提出保護湧潮和明清古海塘的規劃設想，大家有信心和技術實力抵禦潮災，保護兩岸安瀾。

21 世紀初，作為對 1998 年《錢塘江海塘堤線規劃》中尖山河段初步規劃線的補充和完善，從而進一步制定《錢塘江河口尖山河段整治規劃》，該規劃將成為尖山河段防治開發和河道管理的依據，同時將其作為未來杭州灣綜合開發規劃的重要基礎和組成部分，規劃整治實施期到 2010 年為止。

此規劃方案的基本思路為「全線縮窄，走中彎曲；穩定上游主槽，維護下段北槽；制約南股槽南偏，避免納潮量銳減」。「全線縮窄」是指遵循總的防治原則，縮狹江道；「走中彎曲」是指：以走中路為主兼顧各方需求，考慮到江道縮窄後潮波變形加劇，根據尖山河段河勢應適當彎曲；「穩定上段主槽」是指：小尖山至鼠尾山一段主槽擺動是該河段巨變的主因，穩定該段江槽是防治的關鍵，應依靠規劃堤線和中水整治工程加以控制，使之傍南，特別是曹娥江出口處主槽要穩定在曹娥江口門；「維護下段北槽」是指：澉浦斷面北股漲潮沖刷槽以及乍浦以上的北岸深槽上段是杭州灣北岸深槽的上段，其發育與萎

〔註55〕此內容源自筆者對韓曾萃先生的訪談資料。

縮直接影響秦山核電基地前沿水域和乍浦至秦山航道的水深，必須加以維護；「制約南股槽南偏」是指：澉浦斷面南股槽南偏是上虞至餘姚近岸深槽和西三潮溝發育的主要原因，導致這一岸線險情不斷。另，南股槽南偏有利於澉浦淺灘的發育，不利於場前以上北岸深槽的維護，因此，必須進行制約；「避免納潮量銳減」是指：全線縮窄後將減小進潮量，造成下游河床淤積。因此，尖山規劃中不應縮狹的過窄造成進潮量的銳減。另，尖山河段具有洪淤潮沖的泥沙輸移特點，必須留有一定邊灘滿足下泄泥沙堆積，減少主槽淤積量。解決此問題的方法是堤線縮窄與中水整治結合。

此次規劃方案主要目標和實施目主要是通過控制河勢，穩定江槽，提高河段及整個錢塘江河口段的防洪排澇能力；增加錢塘江和曹娥江的淡水資料利用率；為曹娥江口門建閘創造條件；結合江道整治開發土地資源；改善本河段的通航條件和岸線利用價值；保護湧潮和明清老海塘的觀賞性；充分考慮與杭州灣的規劃銜接；保護杭州灣北岸深槽和寧波北倉港的通航水深要求。〔註56〕

此方案對待湧潮的防治方略發生了根本性的變革，由以往的「削弱（消滅）湧潮」轉變為「保護湧潮和明清老海塘的觀賞性」。看似簡單的防治理念的轉變，卻蘊含了千百年來無數工程技術人員的艱辛付出，歷代水利人的不懈努力在保護兩岸安瀾的基礎上，很好的保護了這一世界最為獨特的內河自然湧潮景觀。科技的發展助力錢塘江防治理念的轉變，標誌著人類可以有效防禦潮患災害，並在可控的範圍內分對它進行保護，是人類認識自然、順應自然的一大進步，也是錢塘江強潮河口治理最為成功的經驗。

該方案是對已認定的初步規劃線的再次調整，調整內容主要包括：鼠尾山及以西的北岸堤線正對曹娥江一段向外推出 1.1 千米；鼠尾山以東北岸堤線後退 1.8 千米與澉浦長山閘上游側直接連接；南岸上虞至餘姚段堤線逐步外移，澉浦斷面堤距由 18 千米調整為 16.5 千米；蕭山 86 丘東北角仍保持現有堤線。通過調整內容可以清晰看出，尖山段江道規劃線被進一步調整，澉浦斷面再次縮狹。

科研工作者通過數學模型、物理模型計算比較原方案與調整後方案對江道產生的影響，結合實測資料進行分析印證，最終選定調整後的方案進一步對尖山河段進行整治，詳見圖 2-10。

〔註56〕浙江省河口海岸研究所，錢塘江河口尖山河段整治規劃〔R〕，2001：2。

圖 2-10 2001 年錢塘江河口尖山河段整治規劃布置圖

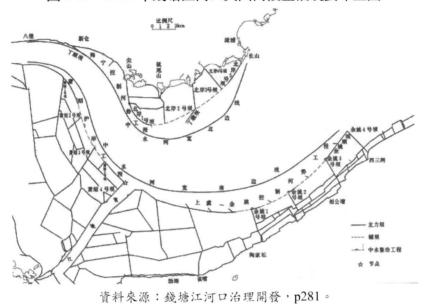

資料來源：錢塘江河口治理開發，p281。

工程施工仍採取丁、順壩結合的方式，分期逐步開展此項工程。根據防治目的和目標的要求，根據每段的具體情況及解決問題的不同，分別制定江道防治規劃內容，具體實施任務分為上、中、下三段分別開展，上段主要解決海寧八堡以上江段沿江建築物的保護、淡水資源的利用、新倉至大尖山河段江道建築物的布局問題；中段主要解決曹娥江洩洪和蕭紹平原排澇，同時為曹娥江建閘創造條，以及蕭山二十工段至紹興曹娥江口的河段海塘塘前保護問題；下段主要解決澉浦斷面的河寬問題、杭州灣北岸深槽的保護、上虞、餘姚的近岸深槽防治問題。

本方案與以往方案有很大不同的另一個特點是：科研人員開始考慮江道整治工程對環境尤其是濕地環境與生態產生的影響。方案本身在介紹其對濕地與生態環境時，更多的在強調其合理性，認為圍墾人工濕地較自然濕地利大於弊，對生態環境尤其是魚類和鳥類不會造成威脅。筆者認為這已是一大進步，科技工作者不再僅僅關注工程本身的設計、建設、施工及其產生的社會經濟效益，而是將視野打開，開始關注工程對生態環境的影響，這應是一個良好的開端。

第三章　現代防治工程的起步

　　錢塘江海塘修築技術的明確記載始於唐開元年間（公元 714 年），海塘修建技術歷經千年發展，至明代石塘修築技術完善，至清代以國庫帑金修築完成錢塘江北岸魚鱗大石塘，古海塘修築技術達到頂峰。民國時期因受戰亂影響，大規模海塘修築工程無法順利開展。戰爭也對海塘造成極其嚴重的破壞，海塘成為作戰雙方的防禦堡壘。1946 年抗戰結束後，海塘已千瘡百孔，坍塌險情時有發生，搶修維護海塘工程成為浙江省的首要任務。民國初期，伴隨著西方新技術、新材料陸續傳入中國，這些新的方法和材料被廣泛應用於修築新式海塘、加固傳統魚鱗古海塘及其輔助護塘工程之中。

　　1927 年，南京國民政府成立，國內政局日趨穩定，恢復國民經濟、發展生產成為中央政府的要務。為統一全國水利管理，發展農業生產，南京國民政府成立後著手組建全國經濟委員會水利處。在此影響下，1928 年，改組錢塘江海塘工程局，組建成立浙江省水利局，第一要務實著手制定修築坍損海塘的計劃，展開海塘修築工程。受西方設計理念的影響，此階段的海塘修築工程較以往有著很大不同，從設計理念到施工技術、材料設備都發生了很大變化。錢塘江上開始出現新式的海塘塘型，新技術和新材料被應用於古海塘維護工程，輔助護塘技術、施工技術和施工設備也發生了重大改變。

　　錢塘江上與海塘修築工程相伴而行的還有錢塘江防治工程的開展。錢塘江防治理念在持續不斷演變發展的過程中，錢塘江防治工程一直在開展之中，治江措施的實施情況如何？取得的效果如何？海塘修築技術的創新點在哪裏？本章通過著重論述以上問題，使讀者能夠瞭解民國時期現代防治工程的起步過程。

3.1 海塘實情

民國時期的戰亂給錢塘江海塘造成無數災難，不僅使系統的海塘修築工程無法開展，而且使海塘成為抗戰的前線和堡壘，雙方均以海塘為掩護，在塘後挖掘戰壕據守。戰爭造成海塘坍損嚴重、千瘡百孔，軍隊甚至提出扒塘抗敵的想法。

1937 年 11 月 5 日，日軍在平湖全公亭登陸，兵分兩路，一路奔襲上海，一路直插蘇杭。海寧守軍為國民黨 63 師，奉命撤退。該師師長提出扒開海塘，用潮水阻滯日軍前進。主持海寧縣抗敵後援會及國民黨縣黨部工作的顧達一〔註 1〕會同縣長王翦波〔註 2〕急電漢口蔣介石行轅請求制止，以免七郡生靈成為魚鱉。蔣（介石）覆電「海塘萬不可決，方得以保全。」〔註 3〕此時，浙江省水利局內遷至蘭溪，後至麗水。自 1937 年 12 月至 1940 年間，日軍維持對錢塘江以北地區的佔領，未能越過錢塘江南岸，日軍與國民黨的軍隊在錢塘江形成南北對峙的局面。1940 年後，日軍開始偷渡錢塘江，向南岸發起進攻。〔註 4〕1937～1945 年間，戰亂之中，錢塘江海塘成為天險和堡壘，也是雙方作戰的第一道防線。2015 年 12 月，杭州市正在修建錢塘江過江地鐵，江岸地區〔註 5〕附近多處發現炸彈，也證實了此事。〔註 6〕

八年戰爭期間，海塘長期失修，加之潮災的爆發，海塘遭受損毀，坍損嚴重，詳見圖 3-1，圖 3-2。臨時成立的偽政府及臨時管理機構組織當地民眾對海塘進行搶險性堵口工程。當地士紳多方籌集資金，以柴塘搶修海塘，來渡過臨時出現的險情。

〔註 1〕顧達一（1896～1982），浙江海寧人，畢業於上海大同大學。民國二十六年抗戰爆發時，任國民黨海寧縣黨部常委執行委員、縣抗敵後援會主任。

〔註 2〕王翦波，（1900～1958）字宇檢，學名守身，今臨湘市忠防鎮人。1926 年 10 月南京中央軍校第六期；1907 年，棄學從事護法運動；民國二十五年（1936 年）冬，任浙江海寧國民黨第六十三師政處長。抗日戰爭爆發後，臨危受命代理海寧縣縣長。

〔註 3〕海寧抗戰八年紀事 http://blog.sina.com.cn/s/blog_4a6ae8df010008em.html；海寧抗戰史博物館。

〔註 4〕袁成毅，浙江通志民國卷〔M〕，浙江：浙江人民出版社，2005（1）：238。

〔註 5〕此處 1949 年前均為錢塘江江道，1949 年後開展防治工程進行圍墾成為陸地。

〔註 6〕浙江在線——錢江晚報〔微博〕陳雷，杭州地鐵 4 號線工地挖出炸彈拆彈專家很淡定〔N〕，2015-12-11，騰訊·大浙網，來源：http://zj.qq.co/a/20151211/024276.htm?qq=0&pt_src=3&ADUIN=2665622124&ADSESSION=1449801507&ADTAG=CLIENT.QQ.5431_.0&ADPUBNO=26497。

圖 3-1 海塘坍損形成的缺口

圖 3-2 海寧段海塘坍損實況圖

　　1940 年，北岸九堡「趙、魏」字號石塘坍塌，通過修築柴壩以禦潮，9 月柴壩被潮水衝破，形成缺口，鹹潮入侵內河農田。〔註7〕1945 年冬，浙江省政府派人員對錢塘江南北兩岸海塘坍損情況進行勘察，發現：全部毀壞的魚鱗石塘和斜坡石塘共長三千餘公尺；局部毀壞的魚鱗石塘和斜坡石塘達到三千餘公尺；損壞的石坦水達到七千公尺。〔註8〕海塘坍損情況詳見圖 3-3。1946 年，茅以升聯合中外專家對錢塘江海塘及防治工程展開現場調研，據錢塘江海塘

〔註7〕浙塘工水利局修趙魏柴塘〔N〕，杭州新報，1940 年 9 月 22 日。
〔註8〕錢塘江海塘工程視察團視察報告，杭州全書・錢塘江文獻集成・第 4 冊〔M〕，杭州：杭州出版社，2014：102～121。

工程視察團報告稱：海鹽石塘上部外傾者有 10 餘處，缺口 4 處，共長約 1300 米，另有 3840 米石塘早期已全部坍毀。

圖 3-3　海塘坍損實況

。毀衝告均，修失年歷因，帶一塘石塘海
The stone dike already repaired is destroyed again by flood.

資料來源：上海圖畫新聞，民國三十五年八月。

　　1946 年 7 月 30 日，海寧潮位高達 7.85 公尺（以吳淞零點高度為準），致使趙魏石塘倒塌二十餘公尺，石塘高度不足，發生漫水。〔註9〕1946 年 4 月，海寧海塘沖毀決口處達 1080 公尺；〔註10〕5 月 31 日夜，發生大潮汛，七堡至十一堡間，撐塘被沖，九堡一帶新建海塘以南沙地全部淹沒，搶修工程無法開展。〔註11〕1946 年 9 月，南岸持續坍江，江潮洶湧，日夜猛撲北岸，致使四堡、五堡間數里土塘大部分崩潰。14 日，五堡一段發生坍落，搶修完成後，再遇接連秋雨，致使修復塘段出現裂口，毗鄰四堡一段江水，直沖至滬杭公路。19 日，路基坍陷，廣達八丈，路面呈露巨大裂口，且部分下陷。〔註12〕1947 年，因江道南移，南沙頻頻出險。而北岸海寧處則長出一片巨沙，長達十餘里。〔註13〕戰後，根據錢塘江海塘緊急工程搶修處查勘後的報告，可以瞭解兩岸海塘實際坍損情況。報告中指出：杭海段 28 處，鹽平段 22 處，蕭紹段 10 處。海寧南門外至十一堡間尤甚，缺口長度為一千三百五十公尺。損毀情形：部分石塘全部被沖毀，部分

〔註 9〕浙江在線——錢江晚報〔微博〕陳雷，杭州地鐵 4 號線工地挖出炸彈拆彈專家很淡定〔N〕，2015-12-11。
〔註10〕海寧海塘沖毀決口處達順壩 1080 公尺〔N〕，南日報，1946 年 4 月 13 日。
〔註11〕海寧九堡撐塘全被沖毀〔N〕，東南日報，1946 年 6 月 5 日。
〔註12〕滬杭公路杭海段被潮水沖毀，四五堡間路基坍陷〔N〕，東南日報，1946 年 9 月 20 日。
〔註13〕海寧潮移南沙，坍江聲中不忍觀〔N〕，東南日報，1947 年 8 月 1 日。

塘身傾斜，或坦水沖毀塘腳基樁暴露（詳見圖3-4），或為日軍挖作戰壕。塘外附土發生陷洞，鬯塘涵閘毀壞漏水等。造成潮水內灌，田廬淹沒，內河變鹹，泥沙沖積，河道淤塞，致使田稼受鹹水侵灌而毫無收成。錢塘江兩岸海塘作為杭嘉湖平原、紹蕭平原七郡的屏障，其破壞坍損影響甚廣。浙江省主席沈鴻烈在接任浙江省主席職位的第二天即親自視赴海寧查勘，詳見圖3-5。〔註14〕

圖 3-4　坦水沖毀，樁基暴露

○遺無露暴均樁基，腳塘毀沖水坦

The wooden stumps are exposed by breakrs.

資料來源：上海圖畫新聞，民國三十五年八月。

圖 3-5　1946 年，浙江省主席沈鴻烈視察海塘

○察視寧海往觀圖偕率烈鴻沈席主浙

Governor Shung Hung-lieh of Chekiang we
to Haining to see the flood situation there.

　　1947 年，政府對錢塘江海塘展開了大規模搶修工程，工程主要採取砌築柴塘的方式來完成搶險工程。截止當年，錢塘江南北兩岸海塘保存較為完好的海塘塘型主要有魚鱗石塘、混凝土塘、階級式斜坡石塘三種。後兩類海塘修築

〔註14〕搶修錢塘江海塘〔N〕，上海圖畫新聞，民國三十五年四月。

歷史較短，係清末至民國中期修築，修築技術尚不完善，是有坍損。三類海塘在南北兩岸分布的位置也有著明顯的不同，是根據塘段受沖刷程度的不同而修築的不同塘型。

3.2 海塘搶修工程

3.2.1 搶修背景

1946 年 4 月，新任浙江省主席沈鴻烈以「浙江海塘事關民生，大舉修復，不容或緩」，要求大修之前先開展緊急搶修工程，以防秋季潮汛。

同月，浙江省政府聘請行政院水利委員會駐贛閩浙區視察工程師馮旦〔註15〕對原訂《搶堵錢塘江兩岸海塘決口柴塘工程計劃》進行審核，原計劃內容大致是在各決口處修築柴塘。馮旦認為其計劃大旨適當，然材料採辦困難，故提出計劃實施的 5 個原則，並邀請行政院水利委員會顧問汪胡楨、行政院救濟善後總署技正唐槐、華北水利委員會專門委員董開章、福建水利局局長章錫綬、杭州市政府技正王瑞麟一起實地視察錢塘江兩岸海塘情形，並擬定《浙江省錢塘江工程緊急搶修計劃》。1946 年 4 月 15 日，浙江省政府決定設立海塘緊急搶修委員會和緊急搶修臨時工程處，工程處隸屬於浙江省政府，浙江省建設廳廳長（伍廷颺，後為陳作犖）兼任主任，副主任兩人，工程師為馮旦兼任。此次由行總及善後救濟總署協助，撥發麵粉，採取以工代賑的方法，開展緊急搶修工程。〔註16〕

當時，海寧石塘共七處，長一千七百四十餘公尺，其中大段坍塘有的長達八百公尺，有的塘基被沖毀塘身傾斜。工程委員會決定採用臨時修築月形柴塘及拋石的方法，中建土塘，最後修築土備塘加以搶修。〔註17〕詳見圖 3-6 和圖 3-7。此次搶修工程預計全部修築經費需 260 億元。〔註18〕政府財力不足，提出分兩年開展此項工程，每年由中央政府撥款 86 億，地方自籌 44 億，擬定

〔註15〕馮旦（1896～1967），江蘇如皋人。畢業於河海工程專科學校。民國 29～38 年（1940～1949）任經濟部、水利委員會、水利部駐贛閩浙區視察工程師，並於民國 35 年兼任浙江省海塘緊急搶修臨時工程處總工程師，搶修工程結束後，入錢塘江海塘工程局副總工程師兼工程處長至民國 36 年。來源：錢塘江志編纂委員會，錢塘江志〔M〕，北京：方志出版社，1998：535。

〔註16〕楊夏民，錢塘江海塘工程〔J〕，科學大眾，民國 36 年 8 月，Vol.2，No.5：187。

〔註17〕海塘搶修工程已完竣〔J〕，浙江經濟，民國 35 年，44。

〔註18〕汪胡楨，挑水壩與海塘缺一不可〔J〕，錢塘江海塘工程救濟專款監理委員會有關資料，錢塘江管理局。

先完成全部堵口工程後，再修築陳文港 700 公尺海塘。後因經費緊張，由 700 公尺修築工程改為 500 公尺。1946 年 7 月中旬完成搶修工程。

圖 3-6　臨時柴塘的木樁樁　　　圖 3-7　臨時修築的柴塘

資料來源：錢塘江海塘工程視察報告（七）。

1946 年 7 月 13 日，浙江省將搶修工程委員會改為塘工委員會，任命省參議會議長朱文獻為主任，行政院善後救濟總署浙江分屬署長孫曉樓為副主任，茅以升、汪胡楨、余紹宋、祝修爵、周象賢、陳勤士、蔣伯誠、顧達一為委員。

3.2.2 搶修過程

1946 年 8 月 1 日，浙江省政府特成立錢塘江海塘工程局，隸屬省政府，負責辦理海塘永久工程，任命橋樑專家茅以升為局長，汪胡楨、吳壽彭為副局長，邵福旴、馮旦、唐振緒任副總工程師。〔註19〕該局成立前 10 日，茅以升局長向浙江省政府主席沈鴻烈建議：聘請中外工程專家，組織視察團，為海塘設計施工提供意見。7 月 23 日，浙江省政府聘請侯家源、薛卓斌、張自立、黃家驊、鄭華、康時振、朱國冼、楊培奉、黃炎、邵福晔、唐振緒、杜德（Ralph A. Tudor），耿德生（J. Ch. A. Gundesen），懷德好施（A. O. Whitehouse），康益（A. Corrit），狄海默（W. A. Dexheimer），梅安諾（Arnold. N. Ma）等十七人，作為錢塘江海塘工程局的顧問工程師，組成視察團。在考察海塘之前，視察團特搜集有關錢塘江的史料，召集在滬專家，每天上午九點至十二點於上海市工務局會議室開會討論有關相關事宜，共進行了 6 天的學習討論〔註20〕。

國民政府對海塘修築工程極為關注。除上面提到的專家外，浙江省主席沈鴻烈、建設廳廳長皮作瓊、水利局局長孫壽培、搶修工程處總工程師馮旦也一

〔註19〕錢塘江工程局成立〔J〕，浙江經濟，民國 35 年，44。
〔註20〕錢塘江海塘視察團視察報告〔J〕，建設季刊，民國 35 年，Vol.1，No.4：204。

同參加了考察團。1946 年 8 月 10 日至 13 日，考察團視察了杭州至平湖乍浦一帶的海塘，隨後撰寫視察報告。專家圍繞海塘工程修築中塘前沖刷、塘基沉陷、塘身傾斜開裂和滲漏排水、塘面之外形問題，及海塘塘前坦水、沉排、丁壩等護灘工程的修築問題，運用近代科學技術知識，對問題展開分析研究，並提出修築和改築建議。

勘查結束後，工程委員會決定先用柴塘堵塞陳文港一帶及南北兩岸大小缺口。錢塘江海塘工程局成立，修復海鹽及紹興各海塘缺口，又利用七里廟的混凝土方塊重築海寧「爵」字號海塘；又培修陳文港土備塘，並在陳文港附近建椿石盤頭 13 座，挑水至離塘 50 公尺處，才使塘身免於外傾。杭州三堡至五堡間，塘外沙地日益坍陷，四堡埽工已沒入水中六七十年，又復見水，乃於此拋置沉輥建築塊石護岸工程，以保護塘身；建挑水壩五道，以固塘腳。這些僅為搶險應急工程，而非根本之策。陳文港因坍損嚴重，1947 年被定為全省的重點工程進行修築，其修築方案和塘型也是根據各位專家的意見來確定。

根據各方意見，錢塘江海塘工程局設計處制定「修復改善錢塘江海塘計劃」。這是一個四年計劃，分兩期實施：第一期是治標工程包括：重建石塘 5000 米；修復半毀石塘及坦水 6000 米；塘身逼近水溜之處加築盤頭 22 座；修復沿塘涵閘。第二期為治本工程，包括建築挑水壩 12 道及順水壩 8 道。全部工程完成後，可以省去海塘歲修之費，舟楫往來可以暢通，並可漲出良田百方公里（約 30 萬畝）。隨即因經費器材不濟而改成五年計劃。

1946 年所計劃的工程有十六項，其中八項為海塘重建和修復工程，三項為建築及修復盤頭工程，其餘為閘壩工程、保坍工程、採石工程、養護工程、基本治導工程各一項。另外，海塘工程局組織潮汐觀測隊在富陽、聞家堰、閘口、七堡、二十堡、海寧、八堡、小尖山、澉浦、乍浦等十一處成立水文站，施測江潮的水位、江水的流量、含沙量和斷面等，並在上海濬浦總局分析錢塘江土壤性質，與中央水工實驗處合作在杭州設置錢塘江模型試驗，和中央地質調查研究所合作查勘錢塘江的地質和地文，作為治本計劃的張本。〔註21〕

3.2.3 特殊的搶修經費

據《申報》1946 年 12 月 8 日所刊載該報記者對錢塘江海塘工程局茅以升局長的採訪，茅以升談到：「有清一代，不惜以國庫中的大部分耗費在興建石塘

〔註21〕黃天行，錢江海塘理想與現實〔N〕，申報，民國三十五年十二月八日。

上，便是要保全錦繡的江南！而今中央以整治錢塘江與整治黃河並重，也正是一種明睿政策之表現。」足見當時錢塘江海塘在國家建設中的重要位置，但時值戰後，國內物資缺乏，海塘修築經費奇缺。為加快海塘的修築，除申請政府經費撥款外，浙江省水利局還積極尋求救援物資。錢塘江防治工程接受和利用了美援救濟款、聯合國善後救濟物資等國際援助項目。此時，錢塘江聚集了國內最為優秀的水利專家，在資金、技術、設備、人才等方面在全國條件算很好的。〔註22〕正因為如此，也吸引了一大批年輕的水利工程技術人員來此工作。

海塘修築資金是根據工程情況逐期下放的。因海塘修築工艱費鉅，為更好地修築海塘，還需更多的費用。二戰結束後，軍隊訂單大幅削減，衝擊美國國內市場，美國將二戰剩餘的戰略物資作為援助發放給戰勝國中遭受損失的國家，中國是接受援助的主要國家之一。行政院成立了善後救濟總署。1945 年11 月 15 日，浙江成立行政院善後救濟總署浙閩分署，後改為浙江分署，因海塘工程浩大，特別設立海塘工作隊。〔註23〕浙江分署認為：「八年抗戰水利失修，災祲薦至，農工業均受影響。故此，善後建設應以水利為首，儘量舉辦大批水利工程，以此方式達到建設復興的目的。」汪胡楨被任命為該署負責人。

1946 年，水利部門善後救濟事業共列基金一千四百五十七億餘元，還有部分聯合國善後救濟總署所供給的器材和糧食。〔註24〕水利委員會根據各流域實際情況編制水利部門善後救濟計劃實施方案。該方案主要涉及黃河堵口復堤工程、揚子江兩岸干支大堤工程、淮河兩岸大堤工程、運河工程、華北五大河堤防工程、珠江東西北三江及韓江堵復工程、江浙海塘工程。

錢塘江海塘工程經各位專家的呼籲受到中央政府重視後，先後得到行政院善後救濟總署浙閩分署（後改稱浙江分署）和美國政府出資的中美救濟團（或稱中華救濟團）撥出部分救濟物資及援助資金加以支持。1946 年，行政院及聯合國善後救濟署特別撥補 20 億元（共 40 億元）。同年 6 月，浙江分署撥發麵粉1154.89 噸，水泥 2000 袋。〔註25〕錢塘江海塘工程局成立後，又經汪胡楨等人多方呼吁，1948 年 2 月設立中美救濟團所屬的錢塘江海塘工程美援專款監理委

〔註22〕此評價來自於「戴澤蘅訪談回憶」。

〔註23〕浙江省地方志編纂委員會整理，重修浙江通志稿標點本〔M〕，北京：方志出版社，2010：6075。

〔註24〕水利新聞善後救濟水利事業進行概括〔J〕，水利，Vol.14，No.3：29。

〔註25〕浙江省地方志編纂委員會整理，重修浙江通志稿標點本，北京：方志出版社，2010：6096。

員會設立，由美國人梅安諾負責美援專款項目的審定和帳目稽核，錢塘江海塘工程局組織施工。1947 年度和 1948 年度分別獲准由中央撥款的 86 億元和 43 億元，〔註26〕並由聯合國善後救濟浙江分署補助麵粉 1610.14 噸、大米 1987.69 噸，及大批機械器材。〔註27〕機械器材主要包括大小機械六十餘部，卡車四十餘部；輪船大小四艘，駁船二十三艘，火車頭四部，車輛一百五十部，鐵路三十里；材料中以炸藥、汽油、柴油、木料為主。〔註28〕此外，1948 年，浙江省政府撥款 21.5 億元，向地方徵收工程受益費 22 億元。歷經艱辛，海塘搶修工程籌得上列款項，才使海塘工程得以擇要修築。以上錢款均為美元。〔註29〕

　　1949 年 1 月，美援監理會自設錢塘江海塘工程處，下轄陳文港工區、海寧機械修理廠、富陽湯山和海寧尖山採石場、水運隊、陸運隊等機構。該工程處還負責陳文港斜坡塘和四堡挑水壩工程，由上海國華工程建設（有限）公司承包施工。

　　錢塘江兩岸災情不斷，浙江省水利局在國庫支絀的情況下，集合多方力量開展海塘修築工程，美元善後救濟物資在海塘搶修工程中發揮了極大作用。錢塘江海塘工程因戰亂多次受到影響，政局穩定之時，海塘修築和錢塘江防治工程一直是浙江省乃至中央建設的重點項目。穩定的社會環境是大型水利工程建設的前提條件。

3.3　海塘坍損原因分析

3.3.1　海塘的構成

　　錢塘江明清古海塘均為直立式魚鱗石塘，石塘由主體工程和輔助護塘工程兩部分構成。海塘主體工程包括海塘塘體、塘基兩部分。為保護海塘主塘，塘體前後分別增加了輔助護塘工程，包括：主塘前臨水面的坦水、盤頭，主塘塘身後的護塘土堤。海塘出現坍損後，對海塘的修築維護也主要圍繞在這些項目展開分析研究。瞭解病源才能對症下藥。1930 年後，國內外專家對坍塌海

〔註26〕汪胡楨，海塘一年〔J〕，水利，1948，No.2：46。

〔註27〕浙江省地方志編纂委員會整理，重修浙江通志稿標點本，北京：方志出版社，2010：60～96。

〔註28〕汪胡楨，海塘一年〔J〕，水利，1948，No.2：47。

〔註29〕戴澤蘅，汪胡楨先生治理錢塘江〔A〕，嘉興市政協文史資料委員會編，一代水工汪胡楨〔C〕，北京：當代中國出版社，1997：32。

塘進行了仔細勘察，分析海塘坍塌原因，下文將加以簡要介紹。

根據專家實地調查，發現傳統海塘塘體、塘基、坦水修築工程具有以下特點：

塘基：傳統魚鱗石塘塘面寬約 3.8 米，其下密布梅花椿三道，沒道中間設置單排椿一道。塘的前趾設置雙排椿一道，椿木大小不一，直徑 10～12 釐米。每塘長 1 丈，其下簽訂椿木 240 根，椿木長短約 5.1 米。

塘體（身）：塘體橫斷面作圭形，上下厚，頂寬 4.5 尺，高 20 尺，分二十級，每級厚一尺。塘面收分稍多於塘背。面收 2.55 / 10-1 / 4.5，背收分 1.5 / 10-1 / 6.6，採用丁、順相間的方法進行疊砌，呈魚鱗狀，故名魚鱗石塘；條石縫際用油灰家搗漿抿縫，接合處用鐵筍嵌扣，鐵筍多有損失；條石上下相貼，用鐵桿相牽連，上下對穿孔以鐵桿貫穿，使海塘塘身連成整體，增強抗潮能力。

坦水：坦水緊貼於塘基之前，或二坦或三坦以雙排椿相間，用條石採取靠砌、豎砌、平砌等不同方法鋪設為坦面；其下以片石為基；坦面向水面作成斜，坡度約 1/10 排椿，深約 15～16 尺。

圖 3-8 崩潰的垂直式古海塘

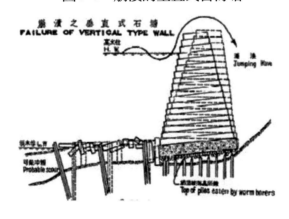

3.3.2 塘病根源分析

3.3.2.1 古海塘塘病分析

魚鱗石塘雖獲得技術上的突破，但受明清時期技術水平的限制，魚鱗石塘仍存在諸多不足，尤其是部分坍損石塘。1931 年水利專家李儀祉對錢塘江海塘進行了全面考察，根據實際勘查結果，指出傳統海塘塘型存在的問題：第一，塘基不堅固，塘基每 12 平方公尺用椿 240 根，用椿數量多，但椿木細入土淺，未拋釘入實土，故承重力差。打椿之時，因椿密，此入彼出，不易簽實。排椿

為圓樁，易受潮水逼入沖刷，造成塘底、樁間被搜空，這是錢塘江海塘不穩的關鍵所在。第二，根據靜力學原理，堤塘橫斷面不適合抵抗土的壓力。第三，坦水過輕，鋪砌不得法。造成海塘坍塌的主要原因是潮水搜空塘底，造成塘身傾斜或坍塌。〔註30〕此時，海寧段古海塘塘頂出現很長的裂痕。

塘基問題

錢塘江明清石塘塘基下底樁每 12 平方公尺用樁樁 240 根（約每平方公尺 20 根）。樁樁過細，嵌入土層不深，未達到堅實土層，致使塘基承載力不足；樁樁排列過密，樁樁簽下時此入彼出，失去與土層的摩擦力。據當地老人回憶：當時簽樁，此入彼出，不易簽打。塘址排樁為圓樁排列，潮水易於逼入，浸洗基下之土。

清代康雍時期保存完好的石塘，均因受到塘前有柴塘、盤頭、坦水的保護，潮水不會侵襲塘根。舊塘基址樁頂高出冬令最小水位至 2 公尺，水面之上樁樁年久易腐蝕。據海寧塘工處工程師須愷修築塘工記錄：冬令挖開塘根，察樁頂皆完好，惟樁間土質完全梳空。可見，潮汐沖刷最易造成塘基搜空。

坦水問題

一、坦基排樁間疏漏易被水入侵，坦面可防禦潮水，但坦下易受潮水侵蝕；二，坦面為平砌鋪石，石條過輕且鋪砌方法不當，易被潮水沖徙。來潮時為順批，靠砌石條下面易被翹空，潮力大時會將石條切段。退潮時為逆批，潮水沿縫隙逼入。豎砌最為堅固，但費料。

塘身傾斜的原因

漲潮之時，潮水入侵的路徑有三種可能性：一是經由坦水排樁間空隙逼入坦基和塘基之下。二是潮水經由坦面，坦面縫隙侵入。三是由塘身石縫侵入。

錢塘江海塘工程局工程師須愷曾對魚鱗古海塘進行詳細勘察發現：塘體、坦體整體無膠灰填充，僅為抹縫。塘身內充滿罅隙。因錢塘江最高潮位可超越塘頂，潮水越過塘頂侵入塘後，造成塘後塘基下、坦水下之土被完全浸透。退潮時，侵入潮水沿縫隙流出，被浸透的土也隨之被帶出。塘基之下的土質稀鬆，無力固定樁樁，致使樁樁或下陷或搖動，塘身隨之陷落，或前後傾斜。潮退時，塘後壅土推塘身向前傾斜，而塘後之土被侵入潮水漱空，二次來潮，潮力推塘身向後傾圯。民國時期，塘後壅土常塌陷出現坑窩，坦面凸起，

〔註30〕 參見：李儀祉，對於改良杭海段塘工之意見〔J〕，水利月刊，民國二十年，Vol.1，No.1：27。

塘背塘底的泥水混合成漿。〔註31〕

塘頂問題

塘頂蓋石一般長六尺、寬厚各一尺，明清海塘以膠灰丁砌，民國初期採用洋灰膠灰。遇到高潮位或潮水越過塘頂時，蓋石重量不足，難以抵擋潮力，會有被潮水捲起的狀況出現。

據史料記載，1930年9月22日夜發生大潮，潮水越過塘頂1.8公尺，將堤頂寬厚各30公尺、長2公尺、重約500公斤的石條平推30～50公尺，部分塘底塊石翻過塘身被沖至塘後，塘後20公尺粗的柳樹被沖倒。據當時水利局局長周尚估計，潮水衝擊力沒平方公尺可達10噸。

李儀祉先生在運用現代力學理論詳細分析了直立式海塘、斜坡式海塘的優缺點、塘身穩定性等問題，並設計了坦水、排椿的修築以及海塘斷面，同時對各項修築方法所需經費做了預算。此後，大部分水利專家都較認同錢塘江海塘應修築斜坡式石塘，因斜坡塘較直立式石塘更利於減少潮力，同時，可以減少對塘基的沖刷；斜坡塘內陪土堤，可以分擔潮力，坡面設計只需抵抗沖刷，可節省費用。

3.3.2.2 斜坡塘塘病分析

錢塘江混凝土塘位於海寧城東八堡險要地段，老海塘之後，長約二里餘，未受到巨浪直接沖刷，保存完好。階級式斜坡塘建於1931年，長一百二十餘公尺，其底腳全部走動，詳見圖3-9。魚鱗石塘損壞一千五百餘公尺，大部分還保存較好。〔註32〕事實上，斜坡塘是位於魚鱗海塘之後的二線海塘。該海塘修築完成於20世紀20年代之後。

圖3-9　崩潰的斜坡式石塘

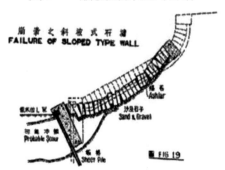

〔註31〕參見：李儀祉，對於改良杭海段塘工之意見〔J〕，水利月刊，民國二十年，Vol.1，No.1：27。
〔註32〕孫壽培、馮旦，對於修復浙江海塘工程之研討〔J〕，水利，Vol.14，No.7：32。

　　錢塘江1：2斜坡石塘修築時現場取材，採用舊塘條石砌成臺階，嵌砌於混凝土中，塘腳前部打入木板椿，板椿後部用混凝土鑲砌，板椿外部與舊塘間用塊石填滿。至1946年，斜坡塘已全部坍毀，部分斜坡塘板椿發生彎折，塘頂向上彎曲，詳見圖3-10。混凝土斜坡塘塘基及塘前塊石已全部被沖走，木板椿傾倒，塘腳前移，土坡被沖坍，斜坡塘全部坍毀。

　　斜坡海塘的坍損說明了採用現代材料修築的塘工全部失敗。

　　海塘視察團成員認為：弧形斜坡式石塘坍主要問題塘身之後缺乏保護措施，塘前也無保護工事，塘身的穩定性完全依靠塘腳前端及塘底的土坡支撐；塘身受水平剪力，全部依靠板椿的支撐。因力集中於板椿之上，致使板椿發生彎折，詳見圖。

　　民國中期修築的部分新式水泥塘受潮力作用發生脫落，且向外平移數尺。但工程技術人員僅認識到是土壤抗剪力的作用對海塘發生推移作用，尚無法確認坍損的具體原因。

圖 3-10　斜坡塘坍損情況

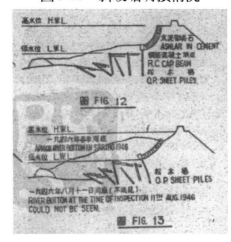

3.4 古海塘加固技術

　　1930年李儀祉先生作為錢塘江海塘工程局的顧問對錢塘江海塘進行了現場勘查，亦對海塘存在的問題進行了詳細的分析，提出海塘修築意見。

　　李儀祉先生提出兩個老海塘修築改造的方案〔註33〕：

<hr />

〔註33〕李儀祉，對於改良杭海段塘工之意見，李儀祉水利論著選集〔M〕，北京：水
　　　利電力出版，1981：465～489。

　　方案一：在老海塘之後修建新海塘，新建海塘塘基位於舊塘之後，緊挨舊塘塘基。新塘基建好後，邊拆舊塘邊建新塘，利用舊塘原有石料。此方法僅僅是臨時的應對之策，無法從根本上解決海塘坍損的問題。

　　方案二：理砌直立式海塘。海塘塘面仍採用魚鱗塘舊式；塘身用舊塘塘石理砌，採取丁順相間的砌築方式，內部填以塊石，用洋灰膠灰黏合；條石層級與塘面成正角，以利於行水。此設計方案可以使平衡層抵抗土壓力或潮力水平推力減弱，增強海塘穩定性；平衡層級的原有順砌改為仰砌，不易被潮水打落；內部填加塊石使面部條石與背部條石相互牽合，同時節省條石用於修築塘頂。塘麵條石採取順砌法，用鐵筍相連，一端嵌入條石鑿孔內，一端嵌入膠灰塊石中。每塊條石長五尺用筍二個，從而使塘體前後牽合，增強整體穩定性。塘頂增加弧形混凝土巨塊，保護塘頂，抵抗潮力。

　　對於出現裂縫的老海塘（詳見圖 3-11），1930 年首次在海鹽落塘頭至救海廟間的部分魚鱗石塘，嘗試應用壓力灌漿機灌注水泥砂漿的技術，來增強塘身的整體性。

圖 3-11　古海塘塘頂的裂縫

　　1947 年，錢塘江海塘工程局工程師孫壽培、馮旦建議繼續修築魚鱗石塘，除塘身外，修築護岸工程的頭坦、二坦、三坦，在潮流頂沖的地方加築挑水壩，從而達到挑溜護坦。兩位水利專家提出，海塘塘型選擇應邀請重要水利實驗處進行模型實驗，再確定選取確定採用何種塘型。

民國時期對於老海塘坍損、修築工程並未發生技術上的根本變革，依然遵循著傳統的修築方法，僅僅將一些新的手段和方法應用於加固工程。

3.5 新塘型的設計

3.5.1 1929 年新塘型設計

民國期間，國家內戰不斷，海塘維護工程大受影響，坍損嚴重。1928 年浙江省水利局成立之初，聘請眾多水利專家對全省河流進行勘查，改良險要塘工，制定規劃方案。根據對明清海塘坍塌、傾斜成因的分析，提出新塘型設計方案，此階段為錢塘江海塘塘型改革的重要時期。1927 年後，浙江省水利局奧地利籍總工程師白郎都（Ludwig Brandl）〔註34〕設計了新式斜坡海塘。

1929 年在白郎都的主持下，海寧「溪、伊、義」等字號海塘開始修築，其中「溪、伊」兩號嘗試修築斜坡式石塘，共建成一公里左右，其坡面斜度為 1：2，採用條石與塘岸平行平鋪，詳見圖 3-12 和圖 3-13。工程初用乾砌法，下墊片石一層。坡腳依然用舊的坦水和舊塘塘基。這次修築工程並不成功。半月後，塘面石條被潮水打落，塘面已成凹凸不平狀，致使石條受力不均，一端陷入一端伸出，潮水將其捲出。原因在於塘面石太輕，且塘基不匀實，石縫易受潮水侵入。久而久之，塘下土被潮水漱出，造成塘下空虛，全塘塘面將坍塌。因此，無論是斜坡塘還是直立式石塘，保護塘腳是根本，最好用板樁護塘腳。至 1947 年此段新修海塘全部被沖毀，意味著此類塘型修築方法並不適用於錢塘江。

圖 3-12　1931 年修築海寧
「銘、磻」字號臺階式斜坡塘斷面圖

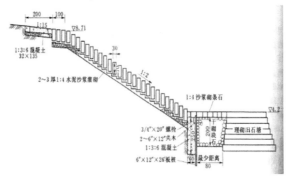

單位：cm；高程：米

〔註34〕文章第六章對白郎都（Ludwig Brandl）有詳細介紹。

圖 3-13　1931 年修築海寧「禹、跡」字號弧形斜坡塘斷面

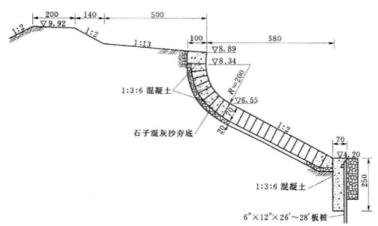

單位：cm；高程：米

　　1931 年李儀祉對錢塘江海塘進行考察，根據實際勘查結果，應用現代靜力學理論撰文詳細分析了直立式海塘、斜坡式海塘的優缺點、塘身穩定性等問題，並提出設計方案。其具體內容如下〔註35〕：

　　直立式石塘優點：石層疊壓，愈往下層愈穩固，日常潮汐只及塘腰，因此塘身穩固。一遇大潮，潮水越過塘頂，塘頂石條重量不足，易被潮流所捲。改良方法：加高塘身，加重塘頂，或以重十噸以上的混凝土塊作為頂沿；石縫以洋灰膠灰滿砌，嚴密處理縫際，使潮水不致侵入塘身；砌築方法不變。不足之處：塘基需要簽樁；疊砌塘身費工料，造價較高。

　　斜坡式石塘優點：塘基無需樁樁；塘身節省工料。不足之處：塘面石條易被潮水打落，用乾砌法（不用膠灰）砌石，石條易鬆動，潮水侵入塘體；以乾膠灰滿砌，擔心底土不實，造成空陷，也可灌入灰漿或洋灰漿，一旦潮水侵入，易造成灰漿與塘面脫離，出現險情。

　　新式石塘設計方案：

　　錢塘江海塘最為重要是塘腳設計，無論何種塘型塘腳除用板樁外，塘基需要深下。板樁一般厚 6 分，深 13：2。且板樁的頂部應在最低水位之下，以防樁樁腐蝕；塘腳底部需加深一公尺。此時，新塘築於舊塘之後，新塘塘基緊挨舊塘塘基而建。墊好新塘基後，拆舊塘，舊塘之石用於建新塘。

　　塘身以舊塘石採用傳統魚鱗石塘丁順相間的方法砌築，內部添塊石，用洋

〔註35〕此部分內容，參閱李儀祉，對於改良杭海段塘工之意見〔J〕，浙江省建設月刊，民國十九年，Vol.4，No.5：69～78。

灰膠灰滿砌，詳見圖3-14。每層級階梯的石條與塘面成正角，其優點：①原有
平衡層級，層級與塘面作犬牙（魚鱗）狀。改為與塘面正交，塘面光滑，行水
更順利。②平衡層抵抗土壓、潮力平推較弱，新塘式塘面與背部石條互成觝角，
不易被推動。③平衡層級塘面順砌石條易被潮水打落，改為仰砌則不易墜落。
條石之間添築塊石主要是為了增強面石與背石的牽合力，增強石層間的摩擦
力，省出更多條石以供它用。

圖3-14　20世紀30年代階梯式斜坡塘施工情景

圖片來源：張自立，浙省海塘工程〔J〕，科學的中國，
Vol.2，No.3。

塘面順砌條石，以鐵鑱將一端嵌入塘麵條石鑿孔內，另一端嵌入膠灰塊石
中。每塊條石長五尺用鑱兩個，前後牽合。塘頂用混凝土做成弧形巨塊，每塊長
一丈，重約15噸，其後為丁砌蓋石相抵。頂石固，下層之石也就穩定。塘頂作
1：20坡度，丁鋪石條三條，共寬15尺，自塘額算起共寬21尺。即便大潮越過
塘頂，塘面平緩，不會危及土塘。塘面平緩，水易於流下，不會滲入塘體。塘身
下段設置排水鐵管，以排出塘後積水。排水管口端堆砌亂石，覆蓋砂礫，防止土
被沖刷流走。塘后土墊高四尺，頂寬三尺，內外坡度1：1.5，坡面種草。〔註36〕

斜坡式石塘修築方案：斜坡式石塘坡度為1：1，以條石鋪面。塘頂至塘
基高度為25尺，與直立式石塘相同，詳見圖3-15和圖3-16。斜坡腳下作弧
形，減弱潮水迴溜的力量。弧形坡腳以寬四尺高四尺的混凝土築成，塘腳前簽
板樁一道。塘頂額以寬3尺高四尺的混凝土塊修築，每一丈長，重可達八噸。

〔註36〕根據當時的物價標準計算，此類海塘每字號的修築成本為二萬五千元。

塘頂鋪砌條石。因斜坡塘易受過頂湧潮的沖捲，故土墊坡腳以寬 3.2 尺高 2 尺
多的混凝土塊穩定。塘麵條石鋪砌無論平鋪、豎砌均易受到潮水衝動，豎砌過
於費料，只能採用嘗試的方式進行修築。

圖 3-15　20 世紀 30 年代
杭海段險塘弧形灌漿斜坡塘砌石情景

圖片來源：張自立，浙省海塘工程〔J〕，科學的中國，
Vol.2，No.3。

圖 3-16　20 世紀 30 年代
杭海段險塘弧形灌漿斜坡塘竣工全景

圖片來源：張自立，浙省海塘工程〔J〕，科學的中國，
Vol.2，No.3。

將舊塘土身削成 1：1 的坡度，老土堅實部分可不動。被水沖刷空虛處，重新夯實修築，與老土同。土面之上鋪厚一尺的片石一層，灌以灰漿。上面再做混凝土一尺厚嵌入鐵鑿呈「幾」字形，上面再鋪條石。條石寬 12 寸，每層流 3 寸縫際，鐵鑿伸入個縫際間，條石上下層以鐵棧鉗合，上面壓以鐵條一根，將鐵條貫入鐵鑿中，條石以鐵棧牽制，鐵棧以縱長鐵條相壓，鐵條、鐵鑿再嵌入底層混凝土中。縫際間以優質的混凝土填實，各個構件牽合形成一體，增強整體抗潮能力。

此塘型設計的主要特點：塘面分為三層。第一層以片石作底；第二層以混凝土作衣，同時以鐵鑿牽牢塘基；第三層以條石作為外衣。條石與鐵件互相牽合而非死固。若遇到條石被潮水擊打活動，只需以灰漿重新灌注縫際便可，不至於損壞周邊。（根據當時的物價標準計算，此類海塘每字號的修築成本為一萬四千三百元。）

直立式與斜坡式石塘相比較，斜坡式每字號可節省費用 10700 元，且舊塘條石用於修築新塘後尚有剩餘，可用於將來修補之用。

坦水的修築：

舊式坦水的主要問題：坦面平砌築成犬齒狀，潮水沖刷後易被捲起。豎砌費料且不穩固。坦石下的土常被沖刷淘空，致使塘石陷落。坦下排樁向外傾移。

舊塘拆除，以舊塘基為坦水。將舊塘排樁、梅花樁上端腐朽處截去。樁間以土、碎石填實，上鋪柴，再以碎石子壓平，再鋪砌混凝土塊，坦面做 1：20 的坡度，坦面光平易於流水。坦水愈深則愈堅固。

3.5.2 1947 年新塘型設計

民國期間，國家內戰不斷，海塘維護工程大受影響，坍損嚴重。20 世紀 30 年代前後的新式海塘修築工程為海塘修築技術積累了大量有益的經驗教訓。1946 年中外專家會診錢塘江海塘，為此後的海塘修築工程提供了重要的技術支持，在塘身、塘基、輔助護塘技術方面進行了新的設計，嘗試修築新式海塘。

錢塘江海塘修復工程具體塘型設計已不再單一地採取以往的直立式海塘塘型，而是根據所處位置的不同，採取不同的塘型。南岸及北岸海鹽一段均採用弧形設計，海寧一段以舊條石重築斜坡式和階梯式石塘，海寧爵字號利用城南舊有的 0.85*1.2*0.8 米的預製混凝土塊新建混凝土塊塘。海塘設計，詳見圖 3-17。

圖 3-17　海塘塘型設計圖

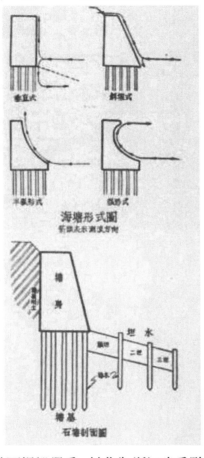

因海寧陳文港海塘因坍毀嚴重，被作為浙江省重點工程項目進行修築。同時，錢塘江海塘修復工程獲得行政院及聯合國善後救濟總署的撥款，美援救濟款和大量機械設備也被用於此項工程。此段海塘修築採取斜坡塘的修築方法，搶險工程取得成功。該項工程負責人馮旦先生因此項工程獲得水利部的金質勳章。此段斜坡塘修築方法如下：

先於塘腳築高 2.5 公尺混凝土矮塘一道，下用基樁、板樁以保安全和沖刷，其上是坡度為 1：3 的土塘，坡面上鋪草稭一層，上壓平置青磚三層，再上鋪製成直徑為 0.4 公尺的六角形混凝土塊一層，厚 30 公分，鋪至最高潮位以上的 0.5 公尺處，以上分為邊巢緣（或馬道）一道，寬三公尺，以殺潮勢。邊緣用青磚護面至最高水位以上 1 公尺處。塘頂高出最高水位以上二公尺，寬四公尺。外坡均為 1：2，並用草坡保護。詳見圖 3-18。

圖 3-18　1：2 弧式灌漿條石斜坡塘

資料來源：上海圖畫新聞，民國三十五年八月。

另外，1948 年 1 月，海寧陳文港「東孰」字號至「公」字號塘段嘗試修築扶壁式鋼筋混凝土塘。方法如下：

> 每隔 1.5 米建鋼筋混凝土扶壁，扶壁前趾打寬、厚各 40 釐米、長 500 釐米木樁一支和尺寸相同的斜木樁各一支，斜木樁與基樁成 22°50' 交角。兩扶壁間為牆，牆前趾釘厚 20 釐米、寬 33 釐米、長 497 釐米鋼筋混凝土板樁。塘身寬 50 釐米，底寬 350 釐米，高 4.03 米。塘底高程為 4.99 米（吳淞基面）。詳見圖 3-19。

圖 3-19　1948 年建海寧扶壁式鋼筋混凝土塘

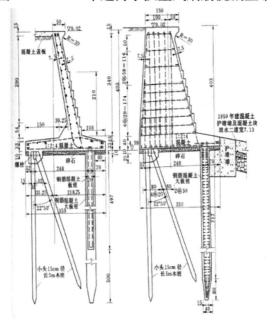

資料來源：《錢塘江河口治理開發》p17。

　　錢塘江防治工程除進行海塘修築外，更為重要的是修築挑水壩以保護塘腳；通過修築挑水壩來實現沉積淤沙。因為海寧一帶潮浪洶湧，工程仍採用修築坦水的方法。新坦水採用混凝土塊築於柴排之上，分為兩道，各寬八公尺。與舊法條石坦水相比，混凝土塊更重、更寬。

　　總結這一時期海塘塘型的探索，主要有以下幾種：預製混凝土塊塘、平砌條石弧形斜坡塘、豎砌條石弧形斜坡塘、臺階式斜坡塘、弧形重力式混凝土斜坡塘、直立重力式混凝土塘。應用較多的為臺階式斜坡塘、弧形重力式混凝土斜坡塘。前四種塘型均是在傳統塘型的基礎上，在材料使用、砌石的方法上略作改進；後兩者塘型是應用現代力學理論進行科學研究而設計的海塘結構，是海塘塘型一次新的變革。

3.6　輔助護塘技術的發展

　　自清末至民國初年，海塘修築以石塘為主，附以柴塘、盤頭、坦水等輔助護塘工程。坦水修築以排樁順築三道，稱為頭坦、二坦、三坦。坦面採用拋塊石、填碎石、鋪柴埽、鋪石條等不同修築方式。坦水是護塘的根本，坦水毀壞將危及塘根。民國時期，最早進行技術改良的就是坦水，砌築方法改為靠砌和豎砌兩種。另一方面，水利專家對丁壩修築技術進行了深入研究，其中尤以汪胡楨先生的研究最為深入。

　　1. 坦水設計

　　因錢塘江每段海塘坦水損毀情況不同，施工中根據具體情況採用不同的方法和技術進行修築。下面對 1932 年至 1935 年，杭海、鹽平、蕭紹三段歲修工程的開展情況及新技術的應用情況加以介紹。

　　杭海段歲修護塘工程〔註 37〕如下：新建「宮、殿」字號護塘工程及頭坦、二坦磚工程；新建「扶」字號三坦工程；拆築「千、兵」字號頭坦及混凝土檻工程；「宅」字號石塘理砌及板樁混凝土護岸工程；「士、多」字號板樁混凝土護岸工程；「禪、柱」字號石塘理砌工程；「漠」字號拋釘板樁混凝土護岸工程。

　　鹽平段歲修工程概況：第一區東西「增」字號洋灰補漏固縫排釘板樁工程；「發、五」字號豐山條石護坡工程；「安、瀾」字號塊石護坡工程；「周、

〔註37〕浙江省水利局編，浙江省水利局總報告（民國二十一年二月至二十四年六月），
　　　　民國二十四年，鉛印本，39。

發、湯」字號石塘機器灰沙灌漿工程；「表、正」字號拆砌工程；「恃、巳」字號拆砌石塘工程；南岸蕭紹段歲修工程：第三區「第一、第二」兩號挑水壩護岸工程；第一區聞堰「白至場」字坦水工程。

海塘的歲修工程以日常的維護和修復為主，主要是為了使塘身不受損壞、不會發生坍塌。歲修工程基本是在傳統修築技術的基礎上，對護塘工程，尤其是盤頭、坦水績效逐步改進，混凝土被大量應用於工程。此時，海塘修築的特點：

（1）塘身。注重塘身整體性連結，通過使用混凝土使塘身緊密相連；另，塘身用洋灰補縫，填足塘後附土，加蓋塘頂，做塊石護坡，使塘身穩固，以防潮水貫穿。

（2）坦水。修築多道坦水，在坦水修築方面改良以往條石坦水，由於其具有易被沖散的缺點，故利用混凝土築造蓋板以加強坦水的整體性，增強抗沖刷能力。

（3）板樁。原石原築，加築板樁混凝土護岸。裏砌石塘仍採用舊（古）法，在塘腳前施釘板樁，板樁每塊的兩邊做陰陽縫使其相連，並用柏油防腐；在板樁內外用一三六混凝土打入，深5公寸半，取代了以往添築碎石的方法。使得板樁混凝土護岸更為堅固。第四，機器灌漿。隨著實踐經驗的豐富，工程技術方法不斷改進。混凝土護岸厚由9.5公寸改為八公寸，板樁的長度由十二尺改為十四英尺，由三八本松改為洋松，並以機器灰沙灌漿，使得塘身縫隙全部填灌，塘身成為一個整體。塘腳填塞石子，用機器灌足灰沙漿封固；塘岸的防護，則購買混凝土漿注射器，用混凝土壓氣注射，使塘岸凝結為整體。為更好的瞭解當時技術情況，下面舉兩個實例來說明情況。

1931年對杭海段第四區「宮、殿」字號護塘工程的建設：此處原為柴盤頭，因盤頭坍毀，石塘底樁外露。此次工程先將亂石掘起，將舊樁挖清，然後用長五公尺以上之杉木，離塘腳約6公寸，釘雙排樁一道。樁內將淤泥挖清，拋填塊石，並用長約1公尺的條石，豎砌兩路，互相緊貼，石塘係梯形，靠塘豎石上部，塘身不能緊貼之處，又用一三六混凝土鑲嵌靠塘豎石上部，以固塘身。〔註38〕

因每個字號段海塘的坍損情況不同，修築時採用的方法也自然不同。歲修

〔註38〕浙江省水利局編，浙江省水利局總報告（民國二十一年二月至二十四年六月），民國二十四年，鉛印本，13。

工程的目的是為了保護塘身，除護岸工程外，就是修築坦水，在原有坦水的基礎上加築二坦、三坦，以及在二坦工程中新建混凝土蓋板，加強對塘身的保護。如杭海段第四區「宮、殿」字號的修築，設計了甲乙兩種混凝土蓋板。甲種長2 公尺，寬 0.36 公尺，厚 0.20 公尺，中間放置鋼筋 3 條，兩端斜度約為 1：4.3，並於兩端做彎鉤，一段向上，一端向下，彎鉤長 0.22 公尺；乙種長厚與甲種相同，寬 0.54 公尺，中間放置鋼筋 4 條，兩端與甲種相同。施工較以往的條石坦水困難，需先在距離頭坦 1.8 公尺處釘雙排杉木樁一道，樁內拋填塊石，將蓋板排列安砌，第一排用甲種蓋板 5 塊，第二排內外兩邊各用乙種蓋板1 塊，中部用甲種蓋板 2 塊，第三排用甲種蓋板 5 塊，第四、五等排一次進行，均相互連結鉤緊，使其成為一個整體，受潮水沖刷不致散亂。〔註39〕

　　由此可見，此時海塘歲修工程仍在遵循傳統的修築方法，防護方面的嘗試和探索主要體現在塘腳防護、塘基的加強、塘身的修護三個方面。根據上文，總結如下：

　　塘腳防護工程：①以混凝土塊代替條石作為坦水，保護塘身；②塘基前趾築混凝土板樁、板樁護塘，以防潮水對塘腳的掏挖；③改進坦水的結構，提高禦潮能力；④加築護塘牆以保護海塘塘基。

　　塘基加強方面：①基樁頂澆築混凝土底盤以均衡承載力；②用鋼筋混凝土樁或長而粗的松木樁代替短而細的杉木樁，以加強承載力。

　　塘身的修護方面：①採用機器灌漿固縫補漏；②用混凝土加固塘頂；③附土以混凝土塊石護面，以防潮水滲入。

　　2. 丁壩的研究

　　丁壩設計源於清代盤頭護岸，後技術不斷發展，將柴盤頭改為石盤頭、混凝土盤頭即挑水壩和丁壩。初為保護塘身而建，後逐步發展為防治治道、防沖促淤的主要方式。清光緒二十五年至民國十七年（1928 年），南沙坍江不斷發生，合計坍失熟地三十八萬餘畝，錢塘江海塘工程局總工程師白郎都設計修築挑水壩穩定江槽，方阻止坍江之勢，並逐步出現漲灘。

　　1947 年，作為錢塘江海塘工程局副局長兼總工程師的汪胡楨先生在中國水利協會第十一屆年會上提交論文《錢塘江丁壩設計之檢討》，本文深入分析了丁壩的作用及其存在的問題。汪胡先生在分析錢塘江來沙、潮汐作用力、江

〔註39〕浙江省水利局編，浙江省水利局總報告（民國二十一年二月至二十四年六月），民國二十四年，鉛印本，15。

道變遷、潮流沖刷力及以往修築經驗的基礎上，認為錢塘江挑水壩（丁壩）修築必須具備兩個條件〔註40〕：一是，在挑水壩尚未發生作用之前，必須足以抵抗每平方公尺 10 公噸之波浪壓力；二是，組成挑水壩之各分子必須互相勾結，不致被潮浪各個擊散。若符合第一條條件，壩身任何平截面即壩身與河床間相接面，需有足量的摩擦力和附著力；若符合第二個條件，必須在建築方式中尋求解決辦法，最可能的方法是鐵絲籠、木框、沉輥、石籠、木籠等方式使各個塊石聯為一體。此文還詳細分析列出了各種丁壩的受力及造價情況。

圖 3-20　各類丁壩設計圖

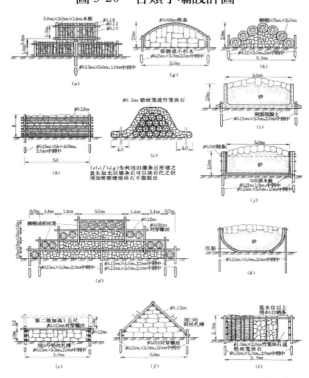

資料來源：汪胡楨，錢塘江丁壩設計之檢討〔R〕。

3.7 新式施工技術

　　民國晚期，世界科技水平已發生重大變化，各類大型儀器設備均已研製成功並應用於工程實踐。1947 年，錢塘江海塘工程獲得大量善後救濟及美援支持中國所獲得的物資以軍用築路物資為主，其中很多設備可應該於海塘修築工程，

〔註40〕汪胡楨，錢塘江丁壩設計之檢討，建設月刊〔J〕，Vol.1，No.2，1947：68～76。

主要包括：壓縮空氣機、風鑽、推土機、汽車起重機、混凝土拌和機、活動房等。浙江省希望利用這些物資對海塘缺口進行修復。[註41] 這些先進設備在海塘修築工程業確實發揮了很大作為，從採石到海塘修築、塘基處理都出現了現代化的施工技術和施工設備，將海塘工程由人力時代帶入半機械化時代。

採石工程

錢塘江海塘修築及維護工程需要大量石材，民國時期在富陽縣湯山設立採石場，專供海塘修築工程使用。

此階段，開山採石工程中開始應用開山機、空氣鑽（詳見圖 3-22）等設備。開山機即空氣壓縮機，利用空氣壓縮機所產生的推動力，旋轉空氣鑽，用鑽開鑿山石。再應用磨鑽機（Sharpner）（圖 3-23）對石塊進行切割。

開山工程已脫離了以往簡單的炸藥開山，而是擁有一些的科學設置，包括炸藥、雷管、電流計、導線、炸藥爆發器（詳見圖 3-21）等一系列操作流程。此時所用的炸藥均為杜邦公司所生產的高性能防水炸藥。具體使用時，將總導線與炸藥爆發器和雷管相連，通過遠距離操作來開山炸石。此方法大大增加了出石量，每次可以同時引爆一百個洞眼。開出的大石塊用於修築海塘和挑水壩，小塊的石頭拋入碎石機（RockCusher）碾碎用於修築滬杭公路，施工中已使用鏟石機等機械設備（詳見圖 3-24）。所產出的石塊通過水路用駁船（圖 3-25）運送到海塘修築的工地。

圖 3-21　炸藥　　　　　　圖 3-22　空氣鑽（Jackhammer）鑽山洞

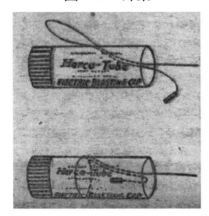 

資料來源：錢塘江海塘工程近況，p628。

[註41] 程中原主編，紅色地圖·黨史記憶 90 年·成長地標〔M〕，安徽：黃山書社，2011：203。

圖 3-23　磨鑽機圖	圖 3-24　工作中的鑿石機

資料來源：錢塘江海塘工程近況，p628。

圖 3-25　運石船

資料來源：錢塘江海塘工程近況，p628。

打樁技術

　　為方便湯山來石的裝卸，1946 年在四堡修築卸實碼頭。此碼頭修築於江面之上，利用長 40～50 尺的圓樁 32 根打入江中，從而形成木樁圍牆，每兩根木樁用 4 尺厚的木板連起，板後填柴捆，圍牆內以石子填充。事實上，該小型碼頭的圍築技術應用了海塘修築技術，這也是首次實現了在江水中開展打樁工程。此階段，錢塘江海塘樁基處理部分開始嘗試使用機械打樁技術，曾出現了落錘法、蒸汽錘法兩種打樁方式。機械打樁技術的出現改變了以往人力打樁的狀況。

　　「落錘法」最早應用於杭州四堡海塘修築工程。此時，據稱當時全國僅有兩臺落錘打樁機。該機器以 Northwest25 的起重機作為動力源使用時，先在起重機前臂上用鉚釘連牢 2 塊鋼板，下用鋼索掛一重達一噸半的鐵錘；然後，將起重機連同鐵錘、錘帽、道杆一起開到平船上，並用楊松板將起重機固定在平船上，開始施工作業。施工過程中仍需人力的輔助，即工人沿梯子爬到與樁樁平

行的高度，將樁頂放入鐵錘錘帽內，方可向下打樁。但因錢塘江潮水波動猛烈，木樁常常不能垂直打入土中，打斜的樁基需拔出重打，從而影響了工程實施的效率。但是，在江灘之上應用此打樁方法便捷了很多，大大提高了工程效率。

蒸汽錘打樁技術最早應用於海寧段海塘修築工程。1946 年，海寧段海塘因搶險修築的柴塘不能持久，採用蒸汽錘打樁法修築洋灰底腳海塘。與落錘法相比，蒸汽錘打樁所需費用高、安裝繁瑣，但打樁效率更高。蒸汽錘最大下擎能量可達 6 噸，是落錘打樁機的十分之一。雖然打樁力量較落錘法小，但是打樁效率卻提高了。因為樁木的損失變小，也就是與落錘法相比，打壞的樁木變少了。此機器以柴油為動力源，利用高壓空氣產生推力，完成打樁。所打的樁樁，四根為一排，樁頂水平，基礎樁需打入水底。

機械打樁技術的是使用大大提高了海塘修築效率與質量，詳見圖 3-26 和圖 3-27。

圖 3-26　四堡落錘法打樁圖 1、2

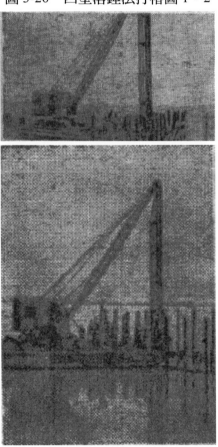

圖 3-27　海寧蒸汽錘打樁圖

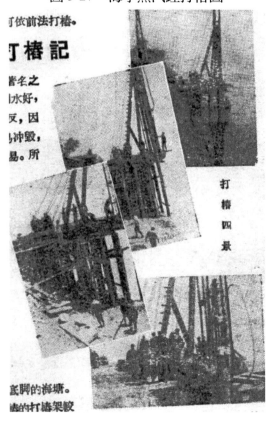

3.8 陳文港築塘之爭

　　抗戰勝利後，錢塘江海塘坍損嚴重，尤其是陳文港一帶，海塘完全坍塌。錢塘江海塘工程局成立後，茅以升局長邀請中外專家對錢塘江兩岸海塘進行會診，積極尋求改進海塘塘型設計。陳文港段需全部重修修築，並加築護塘工程。

　　根據中美救濟協定，1947 年 11 月 5 日，美國中華救濟團秘書曾紹桓來到錢塘江海塘工程局，與汪胡楨副局長商談補助經費事宜。汪胡楨提出錢塘江防治五年計劃：修復 3500 米坍毀石塘，錢塘江通航和增闢土地 40 萬畝，預計需要經費 650 萬美元。經商定後，中華救濟團援助 250 萬美元，其中 150 萬美元修復海塘，100 萬美元用於通航工程。11 月 7 日，聯合國善後救濟總署派駐錢塘江海塘工程局顧問工程師梅安諾（Arnold. N. May）進駐塘工局，監督核查資金使用和海塘修築情況。

　　1948 年 2 月 8 日，錢塘江工程局成立「中華救濟團專款監理委員會」，李

銘為主任委員，茅以升、周象賢、汪胡楨等 9 人為委員，負責監察該團每月按計劃撥發資金及物資情況。至 7 月底，中華救濟團資助項目完成，該委員會改為美援運用委員會監理委員會，歸由經濟合作署領導，繼續監管美援物資發放情況。

此時，就世界範圍來看，各國水利工程建設均以鋼筋混凝土為主，被認為是最為堅固的建築材料。同時，又有中外專家參與塘型設計，最終確立陳文港段修築弧形重力式混凝土斜坡塘，以鋼筋混凝土為主要材料。但此類塘型造價高，每公尺約需美金三百三十三元，當時需要修築的海塘長度達二千八百公尺，共需近一佰萬美金。另外還要加修挑水壩，造價不菲，修築成本再次增加。但錢塘江工程局及當地百姓均希望修築堅固的鋼筋混凝土海塘。對此，美籍工程師對此提出異議。

1948 年美籍顧問工程師梅安諾（Arnold. N. May）負責主持杭州、海寧、海鹽、蕭山等地沿江 32 座挑水壩的修築工程，他認為：挑水壩修築完成後，江流流入中泓，可以減小江潮對海塘的衝擊。主張放棄修築鋼筋混凝土塘，改修輕便經濟的工程，以節省經費支出。鋼筋混凝土築塘一般用於緊挨城市的地段，錢塘江修築此類塘過於奢侈。〔註42〕

為此事，梅安諾與汪胡楨產生不同意見，並反映到時任水利部部長薛篤弼處。薛部長認為應修築鋼骨混凝土塘。〔註43〕1948 年 8 月 4 日，監理會主任李銘函覆水利部薛篤弼部長介紹此事原由。

塘工局汪胡楨副局長認為：「用於搶險工程主張用較經濟的堵口方法堵塞缺口，辦理也應遵循經濟的原則。但須聲明者，所取方法必須確能達到防禦強潮之目的，而不僅用草率之工程敷衍了事，貽將來之患而後可。對於已經興工之五百尺（陳文港鋼筋混凝土海塘本計劃修築 700 尺），認為仍應繼續施工，不宜中途改變辦法。改變計劃，工程必然遲緩，所謂因循坐談事業。故僕決不主張已興之工中途停止。」同時，他認為「築塘一年可成，挑水壩一年僅能修成一、二公里，緩不濟急，事至顯然，且挑水壩之目的在整理中水位以下之流，而非以堵截洪水。……故僅修挑水壩而拋棄築塘，正猶前門拒狼，後門進虎，非計之得也」。〔註44〕為此，汪胡楨撰文《挑水壩與海塘缺一不可》，詳陳利害

〔註42〕函浙江省府，錢塘江海塘工程救濟專款監理委員會有關資料，錢塘江管理局。
〔註43〕中華民國水利部，水利防 7942 號文，覆函「美援運用委員會專款監理委員會」，民國三十七年七月二十八日。
〔註44〕函浙江省府，錢塘江海塘工程救濟專款監理委員會有關資料，錢塘江管理局。

得失，力主鋼筋混凝土塘與挑水壩缺一不可。

美方認為：續修二千八百公尺海塘的預算經費被錢塘江海塘工程救濟專款監理委員會否決，海塘修築以經濟性為原則。塘工局方面仍堅持修築更為堅固耐用的鋼筋混凝土塘，在未經美方同意的情況下開展此項工程，已修築五百公尺，其他均修築為柴塘並修築挑水壩工程。

國內專家認為：此地區受潮水沖襲激烈，應修築堅固的鋼筋混凝土塘，修築經費可分為中央政府撥款和地方籌措兩種途徑。至此，陳文港工程預計的700公尺鋼筋混凝土塘僅修築完成500公尺，因資金中斷而改建柴塘。

為此，茅以升、汪胡楨兩位局長提出辭職，由徐世大接任局長職務。據戴澤蘅先生回憶，汪胡楨副局長一直代行局長之職，茅以升局長常駐中央，很少在塘工局。繼任者徐世大在塘工和防治理念上與美籍工程師梅安諾亦有分歧。〔註45〕

1949年4月，裁撤錢塘江海塘工程局，一切海塘事務併入浙江省水利局。

3.9 治江工程的開展

1928年白郎都制定《錢塘江之整理計劃》後，根據規劃方案，錢塘江自1928年12月開始實施防治工程。至1934年底，南北兩岸通過修築潛水壩來實施和實現護塘工程。

江道整治計劃針對南北兩岸實際情況的不同，採取不同的防治措施。北岸以拋築潛水壩為主，南岸以修築挑水壩為主。南沙一帶，因計劃多次變更〔註46〕，僅修築5號、9號、10號和J、米、B六座挑水壩，其他修築計劃因財力不足未能按照既定方案實施。九號壩原定設計長度為5600公尺，僅修築到4387公尺，便取得明顯效果。

根據白郎都的方案，南沙護灘工程通過修築丁壩來實行。丁壩修築實施後，南岸壩間距約為1公里，北岸清泰門至七堡壩間距為1.8公里，閘口至二涼亭壩間距為600公尺。雖未能按既定計劃實施，但江岸轉坍為安，坍地恢復一部分，淤漲新沙達十餘萬畝。具體施工情況詳見表3-1和表3-2，及圖3-28和圖3-29江道丁壩布置圖，圖3-32為丁壩設計圖。

〔註45〕據戴澤蘅訪談內部資料。戴澤蘅曾跟隨梅安諾、汪胡楨一起工作過。
〔註46〕張自立，錢塘江下游江岸今夕之比較與整理工程進行之概況〔J〕，水利月刊，
　　　　No.3，1933：49。

表 3-1　南沙江岸護灘工程（1928～1934 年）

程類別	長度（公尺）	所用塊石（公方）	開完工時間
五號挑水壩	1902	46106	1929.06～1931.10
九號挑水壩	4387	65976	1928.12～1934.12
十號挑水壩	70	813	1928.12～1929.01
J 號挑水壩	332	11067	1929.09～1931.06
B 號挑水壩	330	20578	1932.12～1934.07
赭山鎮海殿護岸	381	3099	1929.03～1929.09
界址橋臨時搶修		1064	1931.07～1931.07
赭山附近護岸	291	1762	1934.03～1934.05
米號挑水壩	351	2133	1934.08～1934.10
合　計		152598	

表 3-2　整理杭州附近江岸工程一覽表（1928～1934 年）

塘　段		挑水壩號	工程類別	長度（公尺）	用料情況			修築時間
					塊石（公方）	塘柴（擔）	杉木（枝）	
北岸	清泰門至七堡	L84-1	潛水壩初步	213	8075			1934.03～1934.05
		L88	潛水壩初步	200	2926			1931.11～1932.01
		L91	潛水壩初步	300	4695			1932.01～1932.03
		L91	增高	180	10551			1933.10～1933.12
		L94	潛水壩初步	210	2752			1932.03～1932.05
		L94-1	潛水壩初步	320	5995			1933.04～1933.06

		L94-1	增高加長	258	22951			1933.09～1934.07
		L97	潛水壩初步	250	3167			1932.04～1932.05
		L97-1	潛水壩初步	260	7263			1933.01～1933.04
		L97-1	增高加長	400	15464			1933.09～1934.03
		L98-1	潛水壩初步	220	31936			1932.06～1933.03
	閘口至二涼亭	L100	潛水壩初步	300	510			1931.09～1931.11
		L100-1	潛水壩初步	350	13956			1932.07～1932.11
		L100-1	增高加長	400	15321			1933.06～1933.08
		L101	潛水壩初步	450	3983			1931.11～1931.12
		L102	潛水壩初步	340	2478			1931.12～1931.12
		L103	潛水壩初步	130	805			1931.12～1932.01
南岸		R103	柴壩	350	482	50056	3500	1933.06～1933.08
		R103	挑水壩	508	8040			1933.09～1934.01
		R104 R104-1	挑水壩	850	23104			1932.05～1934.04
		R105	挑水壩	870	23573			1931.12～1932.08
合　計					212624	50056	3500	

　　白郎都的防治原則是固定江槽，通過修築丁壩縮狹江道。杭州以上河段採取裁彎取直的河道防治方法，杭州以下通過修築丁壩使江道順直，詳見圖 3-28、圖 3-29。圖 3-29 中，在杭州附近設計採取勾形丁壩設計。

圖 3-28　1929 年丁壩布置圖

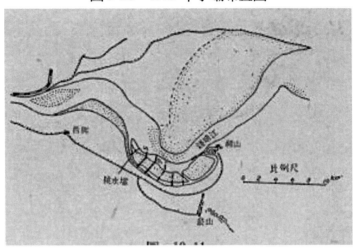

來源：《治河工程學》，p466。

圖 3-29　1929 年丁壩布置圖

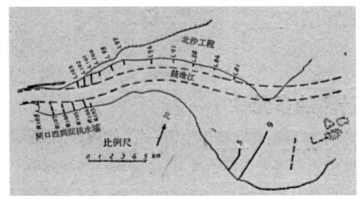

來源：《治河工程學》，p467。

　　工程實施中，除南岸 R103 號挑水壩曾用搶柴、蓬柴、木樁修築柴塘打樁外，其餘全用塊石拋填，低水位時由人工理砌完成。1928 年以前，南沙坍失土地三十八萬畝，河岸線南移三十多公里，通過修築挑水壩穩固江道。初期，挑水壩多次被沖毀，後經多次修復穩固，淤漲土地十餘萬畝。

　　1931 年張自立接任錢塘江海塘工程局局長、總工程師職務後，繼續開展未完成防治工程項目，修築丁壩。

　　1932 年錢塘江江道出現新的情況，工程技術人員對原施工方案（圖 3-30）
進行調整，包括加長九號壩、增加護岸和挑水壩，具體內容如下：對第一期施
工九號壩進行加長，將長度設計為 4387 公尺。在赭山灣附近做護岸 672 公尺，
又建挑水壩 330 公尺。此外還有五號壩 1902 公尺，十號壩 70 公尺，D 號壩
332 公尺，米號壩 351 公尺。挑水壩和護岸均以塊石堆砌，石塊重量規定為 25
公斤至 75 公斤。挑水壩斷面圖詳見圖 3-32。

圖 3-30　1929 年江道治理規劃圖

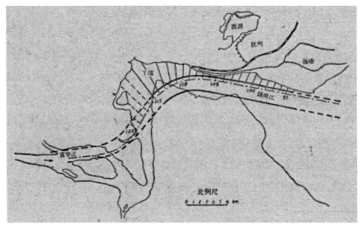

資料來源：《治河工程學》，p465。

圖 3-31　1929 年江道治理規劃圖

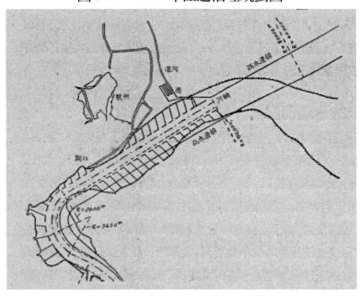

資料來源：《治河工程學》，p466。

圖 3-32 1929 年設計護岸及挑水壩設計斷面

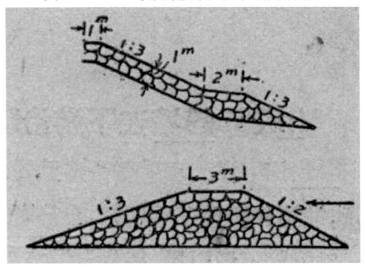

　　1932 年、1933 年錢塘江防治陸續完成挑水壩修築工程。至 1934 年完成南岸三座、北岸十三座調挑水壩修築工程，西興江邊一帶漲沙增高，向外伸長 800 公尺，水流集中江心，沙洲隨之消失；北岸江流深泓外移，坍勢日減，挑水壩間淤漲很快。〔註47〕

　　按照既定規劃防治方案實施，可使錢塘江下游兩岸墾出三百萬畝土地，進行棉花的種植；設想通過防治工程刷深江道，使潮水低落，可以通行輪船。〔註48〕因為財政困難，未能按規劃方案修築潛水壩，僅能實施一些緊急的搶修工程。1933 年冬起，小輪船可以在杭州、青山間航行，可見江道已被刷深。〔註49〕但是，工程實施後並未達到預期目標，根本無法實現通航輪船的設想。

　　1937 年抗戰爆發後，所有防治江道的工程均停滯。抗戰勝利後，浙江省海塘工程局再次提出開展江道防治工程。1947 年由中央大學教授張書農負責制定規劃方案。但因政權變更，該方案並沒有真正實施，在 2～3 年間僅修築四堡北岸丁壩和陳文港丁壩用以保護海塘。

　　總體來看，民國時期除海塘修築工程外，防治工程採取的主要措施是修築丁壩來保護海塘和江岸。但因水流過急，丁壩常常被沖毀，壩頭下衝出深坑。後來採用表面橫放竹籠塊石的方式，丁壩保護取得成功。

〔註47〕張書農著，治河工程學（下），上海：中國科學圖書儀器出版社，1953：466。
〔註48〕張自立，水利建設之重要與本省水利事業之進行計劃（在總理紀念週報告）〔J〕，浙江省建設月刊，22。
〔註49〕浙江省水利局，民國二十一年至二十四年總報告〔R〕，27～28。

1947 年曾在新倉和馬牧港兩處嘗試修築長丁壩（9號壩），用以抵禦水流，保護較長江岸，同時促使丁壩上下游造成大面積淤積。在實施過程中，以土、石塊及 15～18 米長的洋松樁修築棧道橋拋石建築長丁壩，兩條丁壩僅伸展至一公里以上，經過幾次猛潮的衝擊，長木樁被連根拔起，塊石散落漂失，全部毀壞。

此階段的錢塘江防治工程的實施為未來防治工程的實施提供了可借鑒的經驗和教訓。

第四章　現代防治工程體系的發展

　　1949 年中華人民共和國成立之初，海塘修築工程尚未完成。面對殘損破敗的海塘，海塘搶修加固成為當時浙江省水利建設的重點。此項工程亦引起原華東水利部的高度重視和支持。浙江省水利系統絕大部分科技力量和器材資金全部投入到海塘修築工程中。1949 至 20 世紀 80 年代，錢塘江海塘在塘型設計、坦水的處理等方面並無更多創新。但是，在塘基處理方面認識到傳統椿椿的不足，由原 5 米木椿改為長 10 米的鋼筋混凝土長椿，對海塘起到了保護作用。

　　20 世紀 90 年代，伴隨科技的發展及基礎調研資料的豐富，錢塘江海塘管理局提出標準海塘修築工程和北岸險段古海塘加固工程。此次海塘修築工程，應用現代科學理論，對基礎數據資料展開統計分析，制定了新的錢塘江海塘設計標準，從根本上改變了海塘「累修累毀，累毀累修」的命運，真正實現了「一勞永逸」。這是海塘修築史上最為重要一次技術革新，從根本上解決海塘坍損問題，延長了海塘使用壽命。

　　與此同時，錢塘江治理工程也在持續開展之中。自 20 世紀 60 年代後期，大規模錢塘江江道整治工程加緊實施，除採取傳統的修築丁壩、挑水壩等護岸、護塘工程外，創造性地提出「圍墾結合治江，圍墾服從治江」的防治工程策略。治江圍墾工程實施後，取得了良好的防治效果，實現了錢塘江防治工程與社會經濟效益雙豐收的良好局面。

　　本章將對錢塘江海塘修築工程及江道整治工程兩大現代錢塘江防治工程加以詳細闡述。

4.1 建國初期的海塘工程

4.1.1 背景

1949 年 6 月，海寧陳文港混凝土塊石斜坡塘、七里廟石塘及海鹽五團海塘工程首先復工。〔註1〕同年 7 月，浙江連遭颱風襲擊，致使錢塘江海塘多處被毀，浦陽江、曹娥江堤塘多處潰決。這無疑加重了海塘坍損狀況。1952 年 10 月，華東軍政委員會水利部部長冷遹視察錢塘江杭海段江道、西興挑水壩及杭州、海寧、海鹽段海塘工程。

1953 年初，杭州七堡至翁家埠（樁號 41+000）間北沙發生坍江及石塘傾倒、產生缺口，缺口達 43 米。同年 3 月，浙江省人民政府主席譚啟龍、副主席霍示廉視察此段海塘坍損情況。3 月 19 日，省政府召開緊急會議；20 日，成立浙江省翁家埠海塘搶修委員會，建立工程處，開展現場搶修工程。此委員會由浙江省農林廳副廳長兼錢塘江水利工程局局長沈石如〔註2〕任主任委員，副局長陳中、吳又新〔註3〕常駐工地支持搶修事務，並制定《翁家埠一帶海塘搶修工程技術》。因江道變遷，工程技術人員中途變更修築計劃，並於 7 月將變更情況撰寫《翁家埠一帶海塘搶修工程計劃第二次補充說明》上報農林廳。同年 4 月，水利部部長傅作義偕蘇聯專家布可夫視察浦陽江高湖滯洪工程，同時查勘錢塘江海塘七堡七格一帶海塘坍損情況。〔註4〕1954 年春，黨和國家主

〔註1〕浙江省水利志編纂委員，浙江省水利志〔M〕，北京：中華書局出版社，1998：63。

〔註2〕沈石如（1910～1996），山東文登人。民國 25 年（1936）畢業於山東曲阜是否學校，民國 28 年加入中國共產黨。民國 38 年 5 月隨中國人民解放軍南下，初任杭州市軍事管理委員會財經部實業處副處長、浙江省水利局軍代表，隨即任浙江省水利局、錢塘江水利工程局局長；1953 年起，歷任浙江省農林廳、農業廳、水利廳、水利電力廳副廳長，水利電力廳廳長、水利廳廳長、顧問。參見：錢塘江志編纂委員會，錢塘江志〔M〕，北京：方志出版社，1998：538。

〔註3〕吳又新（1902～1990），又名式蘭，東陽人，民國 15 年（1926）畢業於河海工科大學，1944 年赴美國考察一年；民國 36～38 年任水利部防洪司司長。解放後，歷任浙江省水利局副總工程師、副局長，華東軍政委員會水利部錢塘江水利工程局局長，錢塘江治理工程局總工程師、副局長，浙江省農業廳、水利廳、水利電力廳副廳長、顧問等職。參見：錢塘江志編纂委員會，錢塘江志〔M〕，北京：方志出版社，1998：537。

〔註4〕浙江省檔案館，檔案號：J-121-1-118，浙江省人民政府農林廳水利局、華東水利部錢塘江水利工程局擬，浙江省水利建設五年輪廓計劃，1957。

席毛澤東視察杭州以東錢塘江海塘。由此可知，錢塘江海塘工程受到了國家的廣泛關注。〔註5〕

1952 年，浙江省制訂「五年水利建設的基本方針」，其主要內容為：「保障與增加農業生產，山區、平原兼顧，防洪抗旱並重，結合舉辦小型水力及發電工程，加強勘測研究工作，進行流域性防治計劃。防洪工程方面置重點於錢塘江下游修補海塘、整防治道工程及浦陽江的治本工程；農田水利工程方面，置重點於已有灌溉工程之整理改善，大力領導群眾興辦小型農田水利工程」。〔註6〕在此方針的指引下，自 1957 年起浙江省水利建設重點發生轉移，除修築海塘保障兩岸安全外，著力發展農田水利建設。

錢塘江海塘按修築年代的不同可分為主塘、支堤和圍堤。主塘俗稱老海塘大多為明清所建的魚鱗石塘，是建國初期防洪禦潮的主要防線。20 世紀 80 年代末期，魚鱗古海塘處於臨江一線的主要有海寧段 33.2 千米，海鹽段 13 千米。支堤是指建國前形成的由地方群眾在塘外高灘上圍築的土堤，主要有杭州支堤、北沙支堤。建國後經加固修整成為替代險段老海塘的主要防線。20 世紀 60 年開展治江圍塗工程後，在主塘或支堤外次先後分期圍墾築堤，形成圍堤。由此，20 世紀 70 年代，錢塘江兩岸形成以主塘、支堤、圍堤連接所組成的防洪潮堤線。

4.1.2 主塘修築工程

中華人民共和國成立初期，海塘修築工程仍繼續開展，且未有大的人員變動，如：1949 年 8 月，被調任陳文港工程處處長的戴澤蘅，仍負責該段 1891 米的乾砌預製混凝土塊斜坡塘續建工程。〔註7〕據其回憶，建國後國家在海塘修築工程中，人力、財力、石方採運能力都比 1949 年前大大增強；在拋石強度、拋石方法、防止散拋石塊被潮水急流打散等方面作了改進，拋成很多短挑水壩和少數長挑水壩。

錢塘江海塘分為南北兩岸，建國初期兩岸古海塘全長 317 公里。因堤線過長不利於管理，特劃分為不同工段進行管理。北岸分為杭海段和鹽平段；南岸

〔註5〕浙江省水利志編纂委員，浙江省水利志〔M〕，北京：中華書局出版社，1998，66。

〔註6〕浙江省檔案館，檔案號：J-121-1-118，浙江省人民政府農林廳水利局、華東水利部錢塘江水利工程局擬，浙江省水利建設五年輪廓計劃，1957。

〔註7〕戴澤蘅、李光炳訪談內部資料。

分為蕭紹段和百瀝海塘。工程技術人員在分析海塘坍損原因的基礎上，制定海塘修築計劃。海塘修築工程採取的總原則為「加強鞏固，重點搶險，求無潰決」。因險要海塘工程過多，有些保不勝保。工程技術人員根據實際工程情況，提出「保灘生灘以保塘」的提議，由此形成了 1952 年的穩定江槽計劃。

錢塘江海塘尤其海鹽、海寧一帶，損壞最為嚴重，主要問題是基樁暴露、塘身傾斜，險工甚多。因此修築工程需對兩岸魚鱗石塘、條塊石塘展開拆建及裹砌工程，並新建重力式、斜坡式砌石塘、砼塊塘，對石塘展開澆灌混凝土沙漿加固塘身，整修坦水、護塘牆等輔助護塘工程。同時，北岸九堡至三堡間因當時為柴塘護岸而實施拋石護岸工程，因當時此段堤塘為柴塘護岸。

為更好地瞭解工程開展情況，筆者根據《錢塘江志》的相關記載，對建國初至 80 年開展的相關工程進行統計，詳見表 4-1。

表 4-1　20 世紀 50 年代至 80 年代海塘整修工程統計

塘　段	位　置	工程內容	長　度（米）	修建時間（年）
杭海段	陳文港（66+230.15-68+121）段	乾砌預製混凝土塊斜坡塘	1589	1949～1950
		西轉變段	111	
		漿砌塊石護坡東轉變段	191	
	三堡至六堡（20+046.8-24+007）段	漿砌、混凝土灌砌塊石護坡	3960	1951～1957
		搶修，築柴塘、拋石護腳	7925	
		搶修，修築柴籠護岸	1443	
	七堡、十堡（64+519-64+524；70+013.73-70+711.50 段）	漿砌塊石護坡	703	
	杭州閘口（9+470.3-10+235.8 段）	後倚式漿砌塊石塘	749	1958
	海寧翁家埠（40+956.12-41+017.70 段）	漿砌塊石護坡	108	1960

鹽平段	海鹽南臺頭（115+199.3-118+552.7 段）	漿砌（或乾砌砂漿勾縫）塊石護坡 8 段	2088	1949～1956
	平湖水口（149+665-150+049.3 段）	漿砌塊石護坡 2 段	257	1951～1965
	平湖白沙灣（156+795.6-158+636.96 段）	漿砌或混凝土灌砌條、塊石護坡	1842	1952～1982
	海鹽南臺頭至黃家堰（118+163.5-124+718.1 段）	漿砌塊石護坡	83	1966～1974
	海鹽長青至青山（101+380-101+462.5）	漿砌塊石護坡 3 段	83	1980
	平湖益山東（144+700-145+322 段）	漿砌塊石護坡	622	1986～1987
蕭紹海塘	蕭紹聞堰（16+125.2-16+240.5）	修復缺口，新建乾砌塊石護坡	115	1951
	蕭紹聞堰至半爿山（17+338-19+474）	漿砌塊石護坡 3 段	917	1956、1971～1974
	紹興南塘頭至上虞蜊浦（75+764.8-91+030.2）	新建漿砌塊石護坡 12 段	3066	1960～1983
	臨浦火神塘	乾砌、漿砌塊石護坡 3 段	1075	1975～1982

　　1949～1977 年間，杭海段海寧附近魚鱗古石塘出現塘身傾斜、樁基腐爛等情況。施工中將問題石塘拆卸到底，重建魚鱗石塘 48 段，共長 3772 米。同時，裏砌魚鱗石塘，修建坦水、護塘牆，培修土塘、附土，加高海寧臨江段石塘塘頂，修建塘頂附土及土墊前坡的砌石護面等工程。鹽平段魚鱗古石塘亦出現同樣情況，1949～1965 年拆建魚鱗石塘 9 段，計長 1127 米。1955～1966年，對鹽平段海鹽鄧衙橋至五團、平湖獨山一帶的魚鱗石塘實施壓力灌注水泥沙漿加固工程，並施工 7378 米。為消殺風浪對海塘的撲擊及潮浪越頂問題，1965～1981 年在鹽平段南臺頭、劉王廟、五團及平湖水口一代拋堆塊石潛堤3208 米。

圖 4-1　1949 年在海寧海塘修築工地

（前排左起：戴澤蘅、吳又新、陳昌齡、馬席慶），照片由戴澤蘅
先生提供。

1949 年至 1990 年，錢塘江兩岸完成拆建魚鱗石塘 4.9 千米，理砌魚鱗、條塊石塘 3.27 千米，新建砼塊護面斜坡塘 3.52 千米，石塘灌漿防漏 7.38 千米，修建護塘坦水、護塘牆 7.31 千米。

從上述海塘修築工程建設情況可以瞭解到，中華人民共和國成立後至 1990 年間，海塘修築方案、修築技術和修築方法仍遵循民國時期所設立的修築原則，尚無重大技術創新和技術突破。但是，在海塘樁基的處理和認識上有了新的突破。

4.1.3　支堤修築工程

錢塘江海塘作為系統的海潮防護工程，除臨江一線堤塘外，還建有支堤、二線塘等輔助防護系統。支堤建在塘外灘地上，成為保護海塘的第一道防線。建國初期尚未開展防治工程。

杭海段海塘外舊有 4 條支堤，建國後連成系統，形成 3 條完善的、規模較大的支堤。1952 年及 1956～1965 年，杭州段支堤全線建成漿砌或混凝土灌砌塊石護坡。北沙支堤（0+000-4+693 段）於 1980～1989 年被建成漿砌塊石護坡。上泗支堤東江嘴以西一代，於 1965～1968 年間新建乾砌塊石護坡 653 米，1980～1989 年新建混凝土灌砌塊石護坡 3684 米。後因開展圍墾工程，現僅餘上泗支堤 7784 米，北沙支堤 3065 米，里碧塢支堤 230 米。

　　鹽平段海塘塘外舊有支堤 8 條。建國後，龍王堂支塘實施拋石護坡工程。20 世紀 70 年代，黃家堰至包家埭、龍王塘等 3 條支塘的臨潮地段用漿砌塊石護坡 3993 米，至今仍處於臨江一線。

　　蕭紹海塘外有 3 條支堤，其中南沙支堤規模最大。因江道變遷，南沙支堤變化最頻繁。當錢塘江江道走北大門、中小門之時，南岸常出現大片灘地且持續多年，當地百姓自古便開墾利用灘地，發展生產。民國末期至建國初，錢塘江江道發生遷移，江道大有重走南大門之勢，致使已開發灘地出現坍江，瞬間灘地被衝入江中。1950 年開始，實施分段拋石護堤工程。1958 年全線培修完成。1958～1984 年，先後建成各類砌石護坡 1412.2 米，拋石護堤 20920 米。1966 年實施赭山灣防治工程後，南沙支堤堤外連續乘淤築堤圍塗，現臨江堤長不足 2000 米。

　　百瀝海塘外，舊有支堤 4 條，自明末便有修築工程。20 世紀 50～60 年代，為保護解放塘、抗美塘開展拋石護塘工程，共拋建 1864.8 米，並新建乾砌塊石護坡 300 米。三匯保江塘北側曾於 50 年代開展搶險拋石工程。20 世紀 70～80 年代又在其西南側拋石護塘 5454 米，新建砌石護塘 4454 米。百瀝海塘塘外臨江支堤長 19000 米。

　　建國初期，尤其是 1956 年之前，浙江省水利建設資金基本都投入到海塘修築工程。僅 1949～1952 年，為修復海塘共投入修築、維護費用總計 1.53 億。〔註 8〕除修復海塘缺口外，也對病危古海塘進行加固，尤其是更換樁基，重建塘身。錢塘江北岸綿長的魚鱗古石塘基樁僅長 5 米左右，建國初多處石塘坍倒。當時，國家經濟困難，為修復加固海塘，新塘基設計要求打長 10 米左右的長樁。此時，木料、鋼材十分缺乏，工程技術人員創造性地提出竹筋混凝土長樁方法，即用經過瀝青處理、外形加糙的竹筋替代鋼筋製成竹筋混凝土長樁，這一方法取得成功，解決了當時的實際困難。有些河段通過修建砌石斜坡護岸或拋石短丁壩群來護岸，均取得良好的防洪防潮效果。

　　在國家經濟困難時期，除國家投資興建工程外，重大工程技術問題由錢塘江海塘工程局負責。因海塘岸線綿長，且涉及南北兩岸眾多縣、鄉，無法整體開展工程，各個地方便根據實際情況自行組織當地群眾參與工程建設。地方群眾通過以勞代工的方式參加到工程建設中。

　　20 世紀 50 年代後期，國家決定實施「人民公社」政策，農村建立大集體，

〔註 8〕浙江省河口海岸研究所，錢塘江河口及杭州灣綜合開發治理規劃〔R〕，1988。

鄉一級成立公社，作為公社〔註9〕組成部分的村級單位稱為「大隊」，實施集體勞動、大鍋飯、幾公分分紅等集體化政策。為此，各個地方組織大批群眾參加海塘工程，並提出「必須把管養工作的技術教給群眾，通過辦訓練班，參加施工和檢查等實際工作，學會工程結構的一般常識，並懂得其性能，以及使用、保養、發現問題等方法，和歲修施工方面的技術」〔註10〕。1955、1956年，慈谿地區種植塘草、拋石護坡等工作均由地方組織，當地群眾參與完成。

4.2 錢塘江標準海塘修築工程

4.2.1 立項背景

浙江地處東海之濱，海域廣闊，海岸線總長663公里，其中大陸海岸線長1840公里，島嶼海岸線4793公里。〔註11〕浙江省內江河湖蕩眾多，除錢塘江外還有苕溪、曹娥江、甬江、椒江、甌江、飛雲江等水系。除錢塘江海塘外，浙東海塘〔註12〕也佔有重要地位，但其海塘堤線漫長分散，自杭州灣南岸上虞縣夏蓋山以東，至寧波市北侖區的峙頭角往南，直至蒼南縣的夏村與福建省毗鄰，以及舟山群島的島嶼海塘，都是浙東海塘的組成部分。〔註13〕

如上一章節所述，海塘修築工程很多以群眾自辦為主，很多地方海塘施工質量差，一遇大的颱風、潮災、暴雨，全省各地均有海塘不同程度的損壞，海塘被毀，百姓流離失所，損失慘重。為此，浙江省水利廳在20世紀80年代初，曾實施全省海堤加固修復工程，但因地方百姓對海塘作用認識不清，常有人為損壞情況發生。為改變海塘工程屢修屢毀的現狀，1979年，浙江省水利廳在定海召開全省海塘工作會議，提出修築「標準」海塘工程，此時海塘防潮標準為10年一遇。會後組織專家、學者對海塘技術標準展開專題研究。1980年7月，制訂頒布《浙江省海塘工程技術規定（塘頂高程設計）》第一冊。1982年和1984年又編制頒布了《浙江省海塘工程技術規定（海塘工程結構設計）》

〔註9〕 公社，指鄉一級的集體組織。
〔註10〕浙江省檔案館，檔案號：J121-2-70，慈谿縣水利局，慈谿縣海塘工程管理養護工作情況〔R〕，1957。
〔註11〕浙江省水利志編纂委員，浙江省水利志〔M〕，北京：中華書局出版社，1998：1。
〔註12〕浙東海塘指浙江東南陸域海岸及沿海島嶼所築一條條（段）海塘泛稱。
〔註13〕同上，293。

第二冊，此冊以使用為原則，對浙東海塘三種塘型直立式、斜坡式、混合式的特點和使用條件作重點說明，並編選部分海塘的典型斷面作為實例供參考。同時，提供全省沿海地基土力學指標匯總以及堤基穩定計算程序，便於基層人員用 PC-1500 袖珍計算機進行穩定分析。此手冊也是對 20 世紀 70～80 年代工程技術的總結。〔註 14〕

　　標準海塘修築工程也遇到了不一樣的聲音。20 世紀 80 年代，曾召開海塘修築工作會議，水利部錢正英部長參會，已卸任的水利廳老廳長鍾世傑也受邀參加此次會議。鍾廳長對標準海塘修築工程持反對意見，他認為：「海塘修築工程應區別對待，分類指導。錢塘江海塘與東南沿海海塘不同。錢塘江海塘尖山以上河段應以防沖為主；海鹽段海塘以抗擊風浪為主。各段海塘情況不一樣，要針對不同的情況採取不同的措施」。他反對將海塘修築標準一律 50 年一遇、坡度統一。他提出：「各塘段面積不一樣、情況不同，一定要區別對待，一定要掌握情況，根據不同的情況採取不同的措施，只有這樣才能事半功倍，將工程建好。」〔註 15〕浙江省海塘分布情況詳見圖 4-2。

圖 4-2　錢塘江海塘分布圖

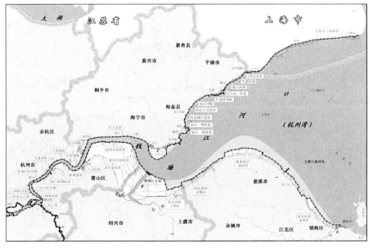

　　1997 年 8 月 18 日，11 號超強颱風（簡稱「9711」號颱風）登陸浙江溫嶺，幾乎摧毀沿海所有海塘，此次災害損失慘重。為此，省委、省政府及地方政府痛下決心要將海塘修築好，召集工程技術人員重新思考分析海塘建設問

〔註 14〕此部分內容參閱：張士君，制定浙江省海塘工程技術規定的回憶，浙江水利 60
　　　　年回憶錄〔R〕，浙江省水利學會編印，49。
〔註 15〕此內容源於對浙江省水利廳原廳長鍾世傑的訪談。

題，吸取經驗，組織力量重新編寫新的海塘建設規劃。新規劃的編寫明確提出了明確的海塘等級標準和設計理念，以「因地制宜，區別對待，一塘一策」為總原則，遵循「淡化高程，注重消浪，加強結構，表面保護，留足塘地」的基本要求。1999 年，頒布《浙江省海塘工程技術規定（修訂）》，對海塘設計標準、塘型結構、施工技術等作了明確規定。〔註16〕

　　1999 年頒布的《浙江省海塘工程技術規定》依據海塘保護範圍大小、重要性不同，將海塘分為四級。錢塘江海塘尤其是北岸海塘，因其保護範圍很大，失事後對國民經濟有巨大影響，被定為 I 級，海塘設計重現期（年）為 50～100 年一遇。〔註17〕一直以來，浙江省海塘建設的重中之重均集中在錢塘江北岸，人力、物力、資金也投入最多，建設技術、建造水平最好。自此，浙江全省開始陸續開展標準海塘修築工程。

　　與此同時，為更好的保護已建好的堤塘、水閘、河道等水利工程，1981 年3 月浙江省人民政府頒發《浙江省水利工程管理暫行條例》，並發動群眾，訂立鄉規民約，共同保護堤塘安全。〔註18〕

4.2.2 工程內容

　　為將錢塘江南北兩岸全部建成防洪抗潮能力更強的標準海塘，浙江省政府組織資金、力量開展省管標準海塘建設項目。1997 年，著手推進錢塘江南岸省管標準海塘修築工程。

　　1997 年 10 月 20 日，省計經委、財政廳、水利廳下發《關於下達 1998 年度標準海塘建設任務的通知》，聯合下達錢塘江南岸省管 5000 米標準海塘建設任務。1998 年 9 月 5 日，浙江省計經委、財政廳、水利廳聯合下發《關於下達 1999 年度標準海塘建設任務的通知》，確定南岸標準海塘建設任務。1999年 10 月，三部門聯合制定 2000 年標準海塘建設計劃。自此，南岸省管標準海塘全部投入建設，2001 年 12 月完工驗收。

　　2000 年 9 月，浙江省錢塘江管理局向浙江省水利廳報送《錢塘江北岸省管標準海塘工程初步設計報告（杭州五堡—七堡段）》和《錢塘江杭州喬

〔註16〕王碩威，制定浙江省海塘工程技術規定的回憶，浙江水利 60 年回憶錄〔R〕，浙江省水利學會編印，145。
〔註17〕浙江省水利廳，浙江省海塘工程技術規定，1980。
〔註18〕浙江省水利廳文件，浙水管（82）第 85 號，關於建好管好江堤海塘防禦颱風大潮的報告〔R〕，1982-7-19。

司三號大堤延伸段標準海塘初步設計報告》，後續又分段向水利廳申報相關塘段設計報告。2003 年 10 月 26 日，錢塘江北岸省管標準海塘建設工程全部完成。

　　根據相關文件，筆者對錢塘江南北兩岸省管標準海塘修築情況加以統計，此表內省管塘修築標準均為 100 年一遇的防洪潮標準，詳見下表 4-2。

表 4-2　20 世紀 90 年代錢塘江南北兩岸省管標準海塘工程

塘　段		長　度（米）	時　間	備　註
南岸	臨浦段	591.8	1998.01～1998.11	
	臨浦大莊段	1508		
	義橋段	1000		
	南沙支堤臨江段	1246.5		
	長河江邊圍堤	630		
	臨浦段	2526	1998.12～1999.12	此段總稱西江塘段，實際完成工程量為13688.55 米，比原設計長 317.55 米。表中所列為申報、審批長度。
	義橋段	6792		
	聞堰段	2358		
	西興碼頭段	870		
	西興五號壩段	825		
北岸	九號壩—烏龜山	7845.1	1999.11～2001.12	
	海寧老鹽倉至秧田廟	2804	2001.03～2003.08	
	海寧平頭山至小尖山	994	2001.10～2001.08	
	海鹽五團—八團	3345.7	2002.11～2003.10	
	杭州五堡—七格段	1056	2003.1～2004.05	
	杭州四格—喬司三號大堤	1858.9	2001.01～2003.10	
	7 號丁壩至四格排灌站	1236		

平湖獨山至水口	1014.4	2002.11～2003.10	
白沙灣至金絲娘橋	2507.7		
海鹽藍田廟至南臺頭	2989	1997.04～2001.05	

數據來源：浙江省計劃經濟委員會、浙江省財政廳、浙江省水利廳，浙計經投〔1997〕981 號、浙財農〔1997〕293 號、浙水政〔1997〕650 號文《關於下達 1998 年度標準海塘建設任務的通知》；浙江省計劃經濟委員會、浙江省財政廳、浙江省水利廳，浙計經投〔1998〕1161 號、浙財農〔1998〕244 號、浙水政〔1998〕567 號文《關於下達 1998 年度標準海塘建設任務的通知》；浙江省水利廳，浙水管〔2002〕46 號文《錢塘江南岸標準海塘工程（九號壩—烏龜山）》；浙江省水利廳，浙水建〔2001〕38 號文批覆《錢塘江北岸海寧老鹽倉至秧田廟段標準海塘設計》；浙江省水利廳，浙水建〔2001〕70 號文批覆《錢塘江北岸海寧平頭山至小尖山段標準海塘初步設計》；浙江省水利廳，浙水建〔2002〕100 號文批覆《錢塘江北岸海鹽、平湖段標準海塘初步設計》；浙江省水利廳，浙水建〔2002〕100 號文《錢塘江北岸省管海塘標準塘工程初步設計報告》。

　　因錢塘江兩岸堤線長，除錢塘江北岸險段開展標準海塘、省管海塘建設工程外，由地方政府管轄的塘段也開展標準海塘修築工程。海塘建設工程分為杭州市上泗段、三堡至下沙段、海寧段、海鹽段、平湖段，南岸濱江區、蕭山區、上虞、慈谿段海塘工程，根據所處位置不同設計標準分為 50 年和 100 年一遇標準。另外，因秦山核電站、乍浦港、嘉興電廠圍堤工程對海塘建設有特殊要求，故開展專用海塘建設項目，設計標準要求較其他海塘更高。標準海塘修築情況，詳見表 4-3。

表 4-3　錢塘江河口段主要岸段海塘代表性斷面塘頂高程表

吳淞高程

工程地點	閘口	七堡	赭山灣	鹽官	新倉	武原鎮	水口
斷面型式	直立	斜坡	斜坡	直立	直立	直立	斜坡
設計標準（％）	0.2	1	1	1	1	1	1
高潮位（米）	11	10.18	10.08	9.65	9.5	7.98	7.18
風速（米／s）	26	25.3	23.1	23	23	32.1	28.4
有效波波高（米）	0.82	0.94	0.99	1.01	1.66	3.6	24.2

有效波爬高（米）	1.1	1.53	1.79	1.9	2.79	5.34	4.2
安全超高（米）	0.5	0.5	0.5	0.5	0.5	0.5	0.5
計算塘頂高（米）	12.6	12.21	12.37	12.05	12.79	13.82	11.8
設計塘頂高（米）	12.9	12.3	12.5	11.5	12	11.1	11.7
備　註	按 0.2%洪水位加 1.5 米潮高 12.5			允許越浪	允許越浪	允許越浪〔越浪量 0.086 米^3／（米・s）〕	允許越浪

資料來源：錢塘江河口治理開發，p322。

4.2.3 修築技術的創新

4.2.3.1 海塘修築的技術標準〔註 19〕

伴隨現代水利科技的發展，國家逐步完善水利工程建設相關管理辦法，並設立水利工程建設標準。因錢塘江特殊的流域特點，國家對錢塘江海塘建設非常重視，要求錢塘江海塘的設計標準高於國家標準。20 世紀 90 年代，主管部門對已達到規劃河線的海塘進行重新設計，使其在較短時期內達到國家標準。伴隨著圍墾工程的開展，錢塘江南北兩岸為圍墾而修築的海堤已基本完成。但是，圍墾所形成的海堤設計標準不高。此次標準海塘工程，主要是對已有海塘（海堤）進行重新設計，以提高抗洪潮能力，確立海塘塘頂高程。

錢塘江河口段自杭州市區至平湖金絲娘橋，海塘全長 160 千米。各江段因承受洪水、臺風暴潮，或是兩者共同作用影響的程度不同，江段的水動力條件各有差異；每個江段的高水位、風速、吹程及相應的波浪要素也存在較大差異；已修築完成的各段海塘斷面型式、塘前灘地高程也存在較大差異，影響波浪在塘面的爬高。此次海塘標準的設立，需逐段確定海塘的設計水位、風速、波浪、相應的塘頂高程。另外，部分江段海塘允許越浪（即海浪可以越過海塘塘頂），需按照越浪量來設計塘背防沖設施。

塘頂高程的設計確定是一個複雜的計算過程，需要考慮多方面的影響因

〔註 19〕說明：本部分內容參閱了《錢塘江河口治理開發》一書中第七章。

素，且江段不同各影響因素的作用力也有著很大的區別，需要採用不同的分析和計算方法。計算過程中，要考慮高潮位產生的成因、江道河床條件、洪水過程及上下水工建築物、江道縮狹所產生的不同影響，採取不同的分析計算方法，確定適用於不同江段的合理方法。

4.2.3.2 新塘型的設計

錢塘江南北兩岸海塘，歷經數百年的發展演變，歷經土塘、柴塘、木囤石塘、土石混合塘、魚鱗石塘、鋼筋混凝土直立式石塘、鋼筋混凝土斜坡式石塘等多種塘型。1949 年後，錢塘江海塘修築工程，尤其是標準海塘工程實施以來，修築塘型以乾砌預製混凝土塊塘、漿砌塊石斜坡塘、混凝土灌砌塊石斜坡塘為主。錢塘江海塘初建時大部分是建立在高灘上的土堤，依靠後期石料護坡對其進行保護；也有很少塘段是修築在較低灘地上，依附於拋石順壩的保護。部分塘段塘腳高灘被潮水刷低裸露塘基，經過拋石搶險，後期以漿砌塊石修築基腳和護坡，險工處加築丁壩、盤頭促淤護灘。

20 世紀 60 年代後期，結合錢塘江治江圍塗工程，發動群眾參與治江工程，採取興修為主、政府補助為輔的方式，修築高灘斜坡式海塘。在此過程中，探索了一條突擊搶修、應急過渡、逐步加固的組織和技術措施。特殊工業圍塗地段，如秦山核電站、乍浦港，只能低灘築塘，採取搶潮作業的方式，用解析打樁、立模、澆灌砼，建造特殊的斜坡石塘。

20 世紀 80 年代，曹娥江出口處圍塗工程的海塘修築採用土工袋沖泥築堤的過渡方式，在低灘上疊砌順堤防浪，堤內沖填泥土，層層疊高，築成臨時圍堤後逐漸改為坽工護坡式斜坡塘。

20 世紀 80 年代後期，海塘修築工程是根據不同塘段的不同需求設計海塘塘型，且採取不同的防洪標準作為設計依據，不僅節約了大量海塘修築資金，而且滿足了現實需求；在海塘修築技術、施工技術、輔助護塘技術等多個方面取得了技術突破。

20 世紀 90 年代之後，錢塘江南北兩岸開展大規模的標準海塘修築工程，對北岸臨江一線魚鱗海塘、條塊石塘實施加固工程，同時新建海塘 700 餘公里，新建海塘以斜坡式、混合式海塘為主。[註20] 海塘修築結構方式的選擇採取因地制宜的方式，包括直立式、斜坡式、或混合方式塘型等多種塘型。海塘

[註20] 戴澤蘅、李光炳，錢塘江河口治理艱辛歷程的回顧〔R〕，杭州，2006：8。

塘型的確定是根據自然條件（灘地、暴潮水位高低、地質情況等因素）、社會經濟條件（圍塗需要、防潮標準、投資來源、社會承受力等因素）及技術條件（施工機械設備、傳統材料與工藝、新材料和新工藝）等多方面因素綜合分析而確立的，使海塘修築適應和滿足新形勢、新情況的需求。

4.2.3.2.1 常規塘型設計

錢塘江海塘工程一直在直立式石塘、斜坡式石塘的對比選擇中交替進行。中華人民共和國成立以後，錢塘江臨水一線海塘以修築斜坡式海塘為主。錢塘江南北兩岸現存海塘總體可歸納為直立式海塘、圬工護面斜坡塘和混合式海塘三大類。

直立式海塘以明清古海塘為主體，歷經數百年的風潮考驗仍屹立於防潮一線，其技術和使用功能堪稱優質，是中國古人在海塘修築技術上的重大創新和對人類的貢獻。但是，此塘型修築成本高昂、工序複雜、施工工藝要求高、修築速度慢。

近現代以來，工程技術人員一直研究更為方便、快捷、成本較低的新式海塘，斜坡式海塘為大家公認較好的替代方式。但是，民國所修眾多斜坡塘均被潮浪沖毀，並未獲得成功。

20 世紀 60 年代圍墾工程實施後，海塘修築與圍墾工程相結合，採取就地取土的方式，在土塘外側加築砌石護坡，修築形成的斜坡塘。根據塘段位置、風潮條件的不同，改進斷面結構。護面結構主要包括：乾砌預製混凝土塊塘、漿砌塊石斜坡塘、漿砌式混凝土塊石斜坡塘、混凝土灌砌塊石斜坡塘，另有兩段後倚式漿砌塊石塘（直立式石塘）。塘面結構的演變，也是科研人員不斷試驗摸索各塘型優劣及適用性的過程，選取最優方案進行設計。除塘型、塘面結構進行不同嘗試外，在修築細節方面的改變更多，如：塘頂高程、堤頂寬、內坡、外坡的設計。

斜坡塘施工方便造價低，成為圍塗築堤的最好選擇，也成為錢塘江新築海塘的主要塘型。因結合圍墾工程而興建，通過突擊搶修完成，海塘塘身及基礎部分是逐步加固完成的，存在隱患和風險。同時，斜坡式土塘存在抗禦超標準水情能力差的特點，設計和質量標準被相應提高；對於較弱的基礎防沖措施，則採取修築丁壩群護灘等輔助方式加以保護。

20 世紀 90 年代，實施標準海塘修築工程實施之後，斜坡塘設計標準按工程規模及重要性，一般採用 20～100 年一遇的標準設計，重要城市地段為 500

年一遇。與此同時，為確定塘型及輔助護塘技術的穩定性，工程技術人員開展了一系列土工、波浪水槽試驗來確定具體技術標準和實施方案。

總體來看，新建海塘設計標準分為塘身、護面兩大部分。塘身部分設計標準為：塘頂寬度為 6～8 米，內坡坡比為 1：3，外坡坡比為 1：2；背水坡內設置寬 20～30 米的護塘地，河道設置在護塘地之外；一旦發生險情，護塘地可作為臨時取土場和退堤場地。錢塘江斜坡式海塘護面結構主要包括：拋石、乾砌塊石和灌（漿）砌塊石三大類。散拋塊石護面主要修築於錢塘江上游湧潮及波浪作用較小的河段；乾砌塊石護面與混凝土框架相結合分布於潮浪較強的江段。錢塘江斜坡石塘大部分採用細骨料混凝土灌砌或水泥砂漿漿砌塊石護面，只有少量的混凝土護面。

此階段海塘修築工程取得重大進展，其原因就在於：以基礎統計數據為支撐，應用科學理論展開計算，應用各類試驗確定設計方案和設計標準，從而提高了海塘的穩定性和抗沖刷能力。下面介紹幾種錢塘江兩岸具有代表性的新式海塘塘型的設計方案：

1949 年，海寧陳文港海塘工程，在嚴愷院士的建議下，此次工程實施乾砌預製混凝土塊塘，詳見圖 4-3 工程實施方法如下：

圖 4-3　海寧陳文港預製混凝土塊護面斜坡塘（1949～1950 年建）

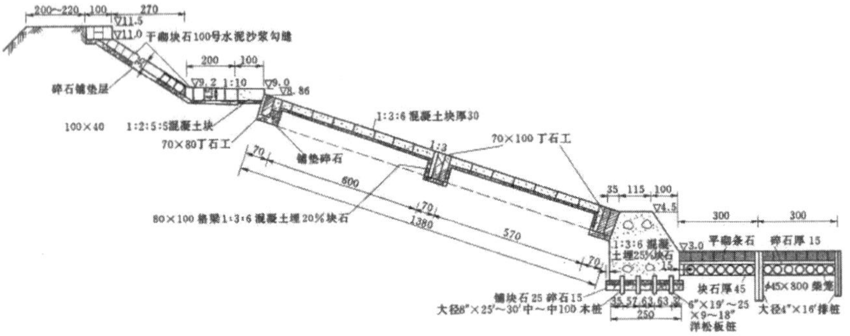

資料來源：錢塘江河口治理開發，p319。

基牆用 1：3：6 混凝土建築，夾入 1/3 塊石，底寬 2.5 米，頂寬 1.15 米，高 2.5 米，牆底高程 2.0 米，每隔 8 米設一排水孔；每 48 米設伸縮縫一道。牆底基樁為直徑 20 釐米、長 7.5 米圓木樁；牆底外側加 15 釐米厚、600 釐米長洋松企口板樁一道；牆底鋪一層碎石，厚 30 釐米。塘面為在土堤坡上鋪 10 釐米厚碎石，再上鋪 1：3：6 混凝土預製板，厚 30 釐米，長、寬各 80 釐米。

坡頂用寬 100 釐米、厚 400 釐米的 1：2.5：5 混凝土壓頂；頂高程 9.0 米，其內為乾砌塊石馬道，寬 200 釐米，再內為土堤，頂寬 4.0 米，頂高程 10.5 米，內外坡均為 1：2。

基牆外設 600 釐米寬乾砌條石坦水，在離基牆 300 釐米和 600 釐米處各打直徑 10 釐米、長 480 釐米鬆土排椿 2 道。基牆與內列排椿間鋪砌碎石和條石墊底，共厚 100 釐米；內、外兩道排椿間先鋪直徑 1.5 釐米柴籠一層，其上再鋪碎石、條石，總厚度亦為 100 釐米。

斜坡塘西段設 111 米長轉變段與扶壁式鋼筋混凝土塘（1948 年修築完成）相接；東端設乾砌塊石斜坡式轉變段 191 米與魚鱗石塘相接。

1949～1955 年，海鹽南臺頭至藍田廟建成漿（灌）砌塊石斜坡塘，坡度為 1：2.5，塘頂高程 9.0～9.2，塘腳高程 5.0～5.2 米。此段斜坡塘部分塘段嘗試改進斜坡度設計：下部坡度改為 1：3，上部為弧形。自此，海塘修築工程開始大規模嘗試弧形塘面（圖 4-4）設計，以更利於減輕潮浪對塘身的沖刷。錢塘江海塘塘（坡）面弧形設計可分為半坡、復坡及全弧面，主要根據塘段位置、風潮情況而定。復坡式塘面修築方法也有不同：一種，在高水位以上連以半徑為 4～8 米的圓弧；另一種，在高水位附近設置寬 1～3 米的平臺，根據不同塘段設計平臺上下坡度各有區別：坡度相同、上坡陡於下坡、平臺以上連接半徑為 2 米的圓弧。全弧面護坡是由不同半徑的圓弧組成復弧形。〔註21〕

圖 4-4　海鹽黃家堰弧形塊石護坡斷面圖

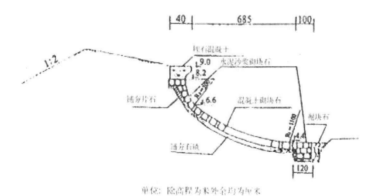

資料來源：錢塘江志，p478。

〔註21〕韓曾萃、戴澤蘅、李光炳，錢塘江河口治理開發〔M〕，北京：中國水利水電出版社，2003：479。

1958 年，杭州閘口電廠上游興建後倚式漿砌塊石塘兩段，此塘型屬於直立式海塘。其修築特點為：海塘塘身向後傾斜，塘面坡度 1：0.4，塘後成 1：0.3 的斜坡，在漿砌塊石塘背後拋築石渣和塊石來減少塘後的土壓力。

4.2.3.2.2 特殊塘型設計

20 世紀 80 年代，國家決定在海鹽縣秦山鎮自行設計、建造中國第一座 30 萬千瓦壓水堆核電站秦山核電廠。秦山核電廠位於海鹽縣城西南 11 公里杭州灣北岸的秦山南麓，其出水口放置在錢塘江內。秦山核電廠海塘工程，因地理條件、工程設計要求特殊，故海塘整體設計與其他塘段不同。為保障核電廠安全，此段海塘被列為一等工程一級水工建築物，設計標準按照百年一遇高潮位和百年一遇風浪標準，校核標準則採用千年一遇。從塘型設計標準、到塘基的處理、施工措施等多個方面展開科研技術攻關。

海鹽秦山地區灘面低，採取拋堆石體防浪，內側填土防滲，外側鋪砌混凝土異形塊體護面，堆石與土體間鋪設土工編織布，土體與堆石接觸面下部及土體背水坡腳均設反濾層。〔註 22〕該段海塘設計為斜坡式土石混合塘，高 9 米，採用 1：3 的外坡，以混凝土扭工字塊體和四腳空心塊體護面消浪；內坡為 1：3 的土坡；沿堤線設護堤丁壩 6 座，詳見圖 4-5。

秦山核電廠段海域風大、浪高，地基為海相軟弱沉積土，厚度為 15～30 米。地基處理採用鎮壓層結合土工織物處理方案，首次大規模應用土工織物代替碎石墊層。設計中應用各種現場試驗和模型試驗，獲取較為可靠的數據，保證工程設計更為合理安全。海塘堤身埋設有觀測儀器，檢測控制施工過程，獲取施工數據，檢驗工程設計選取基礎數據是否合理。〔註 23〕

圖 4-5　海鹽秦山核電廠斜坡式混凝土異型塊體護面堆石斷面圖

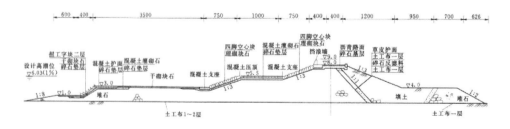

資料來源：錢塘江治理開發，p320。

〔註 22〕錢塘江志編纂委員會，錢塘江志〔M〕，北京：中國方志出版社，1998：479。
〔註 23〕戴澤薪等，秦山核電站海堤工程設計〔R〕，錢塘江海塘工程局內部報告，1983。

4.3 古海塘加固工程

4.3.1 立項過程

浙江省首先在浙東海塘推進前期標準海塘修築工程作為示範。錢塘江南北兩岸海塘是全省海塘修築工程的重中之重，在前期示範工程的基礎上逐步開展推進。

1987 年 10 月浙江省錢塘江管理局向浙江省水利廳報送《錢塘江海塘近期加固工程規劃》，此次加固工程主要針對北岸險段古海塘，防潮洪標準提高至百年一遇。1991 年 4 月，該項工程獲得浙江省計劃經濟委員會的批覆，認定一期加固工程主要包括：杭州七堡至七格海塘加固 5915 米；海寧海塘整修加固頭、二坦 13200 米，險要塘段土堰乾砌塊石護坡 6670 米，塘頂整修加固 2000 米，丁壩整修加固 10 座；海寧頭二圩海塘加固 2321 米，煩字號海塘加固 127 米；蕭山圍堤北線海塘加固 6000 米；海塘南北湖海塘加固 2230 米。該項工程總預算為 2796 萬元。〔註 24〕1999 年 6 月工程通過竣工驗收委員會的驗收。

隨著國家經濟實力的增強，錢塘江河口兩岸工農業生產大幅度增長，對海塘抗禦洪潮的能力提出更高要求。浙江省水利廳提出錢塘江北岸險段修築標準海塘工程，並上報浙江省政府、國家計委、國務院等部門報批。

錢塘江河口段湧潮動力（湧潮沖刷力）的大小是隨江道順直、彎曲狀況而變化的。1988 年，錢塘江江道順直，湧潮動力強勁，海塘破損頻繁嚴重。此時，海塘每年的搶修經費為人民幣 300～400 萬元，經費數額完全不能滿足實際需求，僅能搶修緊要且已十分危險的海塘。被動搶修方式導致海塘險情不斷，且險塘規模不斷擴大。

1992 年，錢塘江海塘管理局領導層〔註 25〕提出：海塘工程需要有長遠打算，不能長期被動搶險。為此，錢塘江管理局向浙江省水利廳、浙江省計劃經濟委員會、水利部、國家計劃經濟委員會反映海塘情況。1993 年，浙江省水利廳責成浙江省錢塘江海塘管理局、浙江省河口海岸研究所規劃錢塘江標準海塘建設工程。1994 年 5 月 12 日，兩單位向浙江省水利廳報送《關於要求對「錢塘江標準海塘工程」可行性研究報告中的審查和批准立項的請示》

〔註24〕浙江省計劃委員會〔1991〕14 號文。
〔註25〕此時，錢塘江海塘管理局局長為韓曾萃。

報告。〔註26〕13 日，浙江省計劃委員會和浙江省水利廳向國家計委、水利部報送《關於要求將錢塘江標準海塘工程列入國家大江大河防治計劃的報告》〔註27〕。各部門均認為浙江省很富裕，可以自籌經費解決海塘問題。

　　1994 年的一場天災改變了此種境況。1994 年 8 月 21 日晚上，17 號颱風（FRED 弗雷德）在溫州市瑞安梅頭鎮（今溫州市龍灣區海城街道）登陸。此次颱風造成溫州、台州兩地死亡 140 人，經濟損失嚴重，此事令中央震驚。1994 年 10 月 10 日，浙江省人民政府將海塘修築項目再次上報國務院，〔註28〕請求國家將錢塘江標準海塘工程項目列入國家計劃，工程投資由國家統籌考慮，浙江省負責建設。此項目獲得時任國務院副總理的朱鎔基的認可，同意自 1995 年起將其列入大中型項目基本建設計劃，但要按照基建程序辦理。〔註29〕為此，1994 年 11 月 9 日，浙江省政府向國家計委報送《錢塘江標準海塘工程項目建議書》、《錢塘江標準海塘工程可行性研究》。〔註30〕1995 年 3 月 29 日，浙江省計劃經濟委員會向國家計委報送調整重新編制的《錢塘江海塘北岸險段標準塘工程項目建設書》。〔註31〕同年 6 月 21 日，全國政協副主席錢正英應浙江省政府邀請視察錢塘江海塘。同年 7 月 19 日，水利部向國家計委報送《錢塘江海塘北岸險段標準塘工程項目建議書》，〔註32〕該意見書指出加固整修錢塘江北岸海塘是分必要和緊迫，工程具有顯著的經濟效益和社會效益，建議同意立項。同年 9 月，嚴愷〔註33〕院士受錢正英委託率薛鴻超等 4 位專家考察錢塘江海塘。

　　1995 年 11 月 23 日〔註34〕，浙江省計劃經濟委員會與浙江省水利廳向國家計委、水利部上報《錢塘江北岸險段標準海塘工程資金來源》。〔註35〕1996 年 1 月 17 日，浙江省人民政府致函國家計劃委員會，將已通過政府常務會議

〔註26〕浙江省錢塘江管理局、浙江省河口海岸研究所，浙錢工管〔1994〕182 號文。
〔註27〕浙江省計劃委員會、浙江省水利廳，浙水政〔1994〕389 號文。
〔註28〕浙江省人民政府，浙政法〔1994〕157 號文。
〔註29〕此內容來自韓曾萃先生的訪談實錄。
〔註30〕浙江省人民政府，浙政法〔1994〕173 號文。
〔註31〕浙江省經濟委員會，浙計經建〔1995〕293 號文。
〔註32〕水利部，水規計〔1995〕260 號文。
〔註33〕嚴愷（1912.8.10～2006.5.7），祖籍福建閩侯，中國科學院院士、中國工程院院士，水利專家、海岸工程專家和工程教育家。
〔註34〕此內容來自韓曾萃先生的訪談實錄。
〔註35〕浙江省計劃經濟委員會、浙江省水利廳，浙水〔1995〕577 號文。

研究決定的有關海塘修築經費安排情況上報：自 1996 年起，浙江省將每年安排錢塘江歲修經費 2000 萬元，納入財政預算；同時，希望批覆錢塘江北岸險段標準海塘建設項目建議書。〔註36〕

　　1996 年 2 月，浙江省錢塘江管理局與浙江省河口研究所編制完成《錢塘江北岸險段標準海塘可行性研究報告》。同年 5 月 7 日至 10 日，在錢正英老部長的建議下，浙江省人民政府舉行「錢塘江河口整治及標準海塘建設項目」論證會，邀請國內多家單位的水利專家學者參加會議，組成了以錢正英為組長、嚴愷和嚴克強為副組長的專家論證組。此次論證會省內主要領導亦有出席。〔註37〕錢正英部長指出：錢塘江防治工程採取逐步縮窄江道的方案是完全正確的；目前錢塘江海塘還在吃乾隆皇帝的老本，應該採用現代工程技術全面系統地加固改造海塘。會上同意加固海塘塘腳，加寬、加高海塘塘身，並保持明清海塘基本面貌的加固方案；會上建議浙江省及早組織制定錢塘江河口綜合防治開發規劃。這是全國水利專家統一意見，為此後的申報審批工作奠定了堅實的基礎。會後，成立浙江省河口綜合防治開發技術指導小組，組長為嚴愷，朱爾明、竇國仁、陳紹沂為副組長，浙江省錢塘江海塘管理局局長韓曾萃為辦公室主任，成員包括竇國仁〔註38〕、薛鳴超〔註39〕、陳吉余、吳敏一〔註40〕、黃庭蘭〔註41〕、言雋達〔註42〕、戴澤蘅〔註43〕、韓曾萃〔註44〕。專家組負責錢塘江河口綜合防治開發中重大技術問題的指導。此次會議對「標準海塘」修築工程順利立項起到了至關重要的作用。

　　借助各方關注錢塘江海塘工程的契機，錢塘江海塘管理局局長韓曾萃對自清代以來的海塘維護經費進行全面梳理，向浙江省政府、國家計委申請海塘

〔註36〕浙江省人民政府，浙政發〔1996〕17 號函。

〔註37〕浙江省領導：省長萬學遠、副省長劉錫榮、省長助理李長江、省人大常務副主任許行貫、省政協常務副主席孫家賢、老領導李豐平等。

〔註38〕竇國仁（1932 年 11 月～），遼寧北鎮人，中科院院士，泥沙及河流動力學專家，1956 年畢業於蘇聯列格勒水運學院，1959 年獲副博士學位，1960 年獲技術科學博士學位。

〔註39〕薛鳴超，河海大學教授。

〔註40〕吳敏一，浙江省經濟規劃院副院長。

〔註41〕黃庭蘭，浙江省交通廳副廳長。

〔註42〕言雋達，浙江省水利廳總工程師。

〔註43〕戴澤蘅，浙江省河口海岸研究所名譽所長，曾任該所副總工程師、總工程師、所長。

〔註44〕韓曾萃，浙江省錢塘江管理局及河口海岸研究所所長、局長兼總工程師。

維護歲修經費。1996 年 1 月 17 日，作為維持支持和配套，浙江省政府函告國家計委：自 1996 年起，我省每年安排錢塘江歲修經費 2000 萬元，納入財政預算。此項歲修經費為海塘的後續維護工作提供了資金保障。〔註45〕

　　1996 年 7 月 25 日，國家計劃委員會向國務院報送審批《錢塘江北岸險段工程項目建議書的請示》，〔註46〕建議批准該項目。同年 9 月 11 日，國家計劃經濟委員會通知浙江經濟委員會，《錢塘江北岸險段工程項目建議書的請示》已經國務院批准，應據此編制可行性研究報告。〔註47〕13 日，浙江省計劃經濟委員會和浙江省水利廳向國家計劃經濟委員會和水利部報送《浙江省錢塘江北岸險段標準海塘可行性研究報告》，〔註48〕10 月水利部審查通過該報告。1997 年，國家計劃經濟委員會委託中國國際諮詢公司對標準海塘可行性報告進行審查。同年 12 月 1 日，國家計劃委員會批覆該可行性報告。〔註49〕23 日，批覆經浙江省計劃經濟委員會轉至浙江省水利廳。

　　至此，該項工程仍未能列入國家計劃。1998 年 1 月，浙江省計劃經濟委員會與水利部水利水電規劃設計總院會同審查《錢塘江海塘北岸險段標準塘初步設計報告》。錢塘江海塘管理局根據審查意見進行修改補充，再經水利水電規劃設計總院審查基本同意，上報水利部審查。〔註50〕3 月 13 日，浙江省計劃經濟委員會批覆浙江省水利廳：經商水利部，基本同意上報的審查意見。〔註51〕同日，省計劃經濟委員會請示國家計委，要求將錢塘江海塘北岸險段工程列入國家 1998 年新開工項目計劃。〔註52〕3 月 24 日，國家計劃委員會通知省計劃經濟委員會：同意錢塘江海塘北岸險段工程 1998 年開工建設。〔註53〕4 月 3 日，省計劃經濟委員會將文轉至水利廳。〔註54〕歷經 5 年的申報審批，錢塘江北岸險段海塘工程方列入國家計劃。

　　在此過程中尚有一個小插曲使得海塘修築規模和範圍得以擴大。1997 年

〔註45〕浙江省錢塘江管理局百年華誕叢書編撰委員會，世紀輝煌〔R〕，2008：28。
〔註46〕計劃與經濟委員會，計農經〔1996〕1410 號文。
〔註47〕國家計劃與經濟委員會，計農經〔1996〕1743 號文。
〔註48〕浙江省計劃與經濟委員會、浙江省水利廳，浙水政〔1996〕517 號文。
〔註49〕國家計劃與經濟委員會，農經〔1997〕2385 號文。
〔註50〕水利部水利水電規劃設計總院，水規劃〔1998〕15 號文。
〔註51〕浙江省計劃與經濟委員會，浙水經〔1998〕19 號文。
〔註52〕浙江省計劃與經濟委員會，浙計經報〔1998〕12 號。
〔註53〕國家計劃與經濟委員會，計投資〔1998〕474 號文。
〔註54〕浙江省計劃與經濟委員會，浙計經報〔1998〕280 號。

到來的 11 號颱風給浙江沿海造成 200 億元損失，受此影響，浙江省政府提出「千里海塘」修築計劃，除錢塘江北岸 44.7 千米險段海塘外，地方管轄的沿海海塘也列入海塘修築計劃，經費由各地方財政支出。自此，有了「千里海塘」修築工程的提法。

4.3.2 工程內容

　　錢塘江北岸險段標準海塘均按 100 年一遇洪、潮高水位加 12 級颱風入侵的當地風速和最不利塘前河床沖刷條件作為設計標準。其中杭州老城區段堤防建設還為今後逐步提高到 500 年一遇洪、潮高潮位留有餘地。

　　1994 年 11 月上報國家的《錢塘江標準海塘工程項目建議書》中，工程內容主要包括：海寧海塘（自老鹽倉至尖山塔山壩段）、海鹽平湖海塘、杭州老城區海塘、蕭紹老海塘、南岸新海塘。1995 年 3 月，調整後由省計劃經濟委員會上報國家計委的新編《錢塘江海塘北岸險段標準塘工程項目建設書》，其工程內容調整為：北岸損壞最為嚴重、地段最為重要的海寧鹽官至尖山長 24.7 千米，海鹽秦山核電廠至黃家堰長 8 千米，杭州老城區錢江大橋至三堡船閘長 12 千米，總長 44.7 千米。此三段海塘為錢塘江北岸危險海塘標準塘建設項目。險段海塘修築工程要求建成後能抵禦一百年一遇暴潮和 12 級颱風風浪。

　　海塘修築工程靡費，此次申報項目預計需資金 5.36 億元。1995 年 11 月，省計劃於經濟委員會、省水利廳向國家計委、水利部上報資金來源中，提出：中央安排 40%，地方投資 60%。其中全省水利基本建設安排 12160 萬元，全省電費水利附加專項基金中安排 9000 萬元，全省水利建設專項資金中安排 9000 萬，蕭山市等水利專項資金安排 2000 萬。錢塘江南北兩岸海塘維護經費 2000 萬元，在全省水利建設專項資金中安排。非省管部分海塘由市、縣安排。〔註 55〕

　　1997 年 12 月，國家計劃委員會批覆的《浙江省錢塘江海塘北岸險段標準海塘可行性研究報告》中同意建設北岸險段工程，主要包括海寧、海鹽、杭州老城區三段，共 44.7 千米重點險段進行加固。核定動態投資 5.59 億元，中央包幹補助投資 2 億元，其餘 3.59 億元及各種情況下所增加的投資，均由浙江省在地方自有資金中解決。錢塘江北岸險段海塘分布情況，詳見圖 4-6。

〔註 55〕浙江省計劃與經濟委員會、浙江省水利廳，浙水〔1995〕577 號文。

圖 4-6　錢塘江北岸險段標準海塘工程平面位置圖

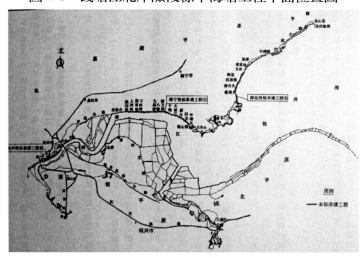

比例：1：700000

　　在錢塘江北岸險要段標準海塘修築即將完成之際，浙江省又著手修築省管北岸險段標準海塘、省管南岸標準海塘及地方標準海塘。

　　在北岸險段工程施工的同時，浙江省又著手開展後續省管北岸險段海塘工程。2002 年 11 月，浙江省水利廳審查《錢塘江海塘北岸險段續建標準塘工程可行性研究報告》，經審查修改後，浙江省發展計劃委員會和省水利廳向國家計委和水利部報送該可行性報告。〔註 56〕太湖流域管理局受水利部委託，2002 年 11 月 15 至 16 日會同會同浙江省水利廳審查該報告。2003 年 3 月，太湖局將該研究報告報送水利部。北岸險段續建標準海塘工程包括：杭州五堡至七堡段堤長 2468 米，海寧老鹽倉至秧田廟段堤長 7904 米，平塘頭至小尖山段堤長 995 米，海鹽五團至八團段堤長 3346 米，共長 9792 米。〔註 57〕此工程項目後續陸續修建完成。

4.3.2.1 加固技術的創新

　　錢塘江古海塘指的是始建於明朝（1542 年），成熟於清朝的直立式魚鱗石塘，至今此古海塘已有 200 多年的歷史。原建魚鱗大石塘因建國後開展的治江圍塗工程，很多已退居二、三線，被埋沒在現代都市的各個角落中。尚處於臨江第一線的古海塘有：老鹽倉至尖山 33.7 千米河段中的 30 千米，海鹽、平湖

〔註56〕浙江省發展計劃委員會、浙江省水利廳，浙計農經〔2002〕：792。
〔註57〕太湖管理局，局管規計〔2003〕61 號文《錢塘江北岸險段續建標準塘工程可行性研究報告》。

市自秦山至水口 9.3 千米，聞堰還有部分魚鱗石塘。〔註 58〕另外，南岸紹興三江閘附近仍保存有部分丁由條石塘。

　　明清魚鱗石塘為重力型直立石塘，因海寧段湧潮沖刷強烈，除其塘身結構外，塘基梅花木樁、基礎沖刷保護也是工程保護的重點。塘基出現問題，塘身將傾斜。塘外護塘建築損害，將危及塘身和塘基安全。而北岸古海塘塘基較高，護塘建築物的水平防護和垂直防護尺寸不足，每當江道變化、主流臨塘，坦水外側即遭淘刷，對塘身穩定性造成很大威脅。其次，建國初期，海寧段因江道趨直，主流偏北，湧潮持續加強（因湧潮與海塘成交角），淘刷加深；古海塘護坦木排樁出露長度達 1.5 米，達到木排樁全長的 2/5，並多次發生木排樁成片失穩漂浮的情況，致使護坦損毀，威脅主塘身安全。第三，因古海塘老化，塘身出現沉陷傾斜，砌體塊石走動，石塘背後出現滲漏塌坑等情況。第四，隨著經濟社會的發展，錢塘江海塘保護區域範圍對海塘防洪要求不斷提高。一遇大的颱風登陸，常發生風浪越頂情況，塘頂塊石被沖毀的情況。20 世紀 80 年代，已有古海塘塘頂高程為 9.7～10.5 米（吳淞基面，下同）。而百年一遇防洪標準要求塘頂高程為 11.5～11.9，這就需要加高塘頂，增強抗潮洪能力。

　　針對這些情況，不同時期均採取了相應的防護、加固措施。建國初期，古海塘維護、加固工程主要採用塘身灌漿，塘後修築漿砌塊石護面，塘前加築混凝土砌石坦水。對坦損嚴重的海塘被拆建，同時在石塘內側加打 10 米長基樁，上澆混凝土以幫寬上部塘身，襯平接齊，砌復上部條石，使石塘重心內移，並於塘背填石減載，將塘基的荷重降至 15 噸每平方米以下。對於塘基穩定的海塘，利用風浪的抽吸和高壓泵的沖洗，清除條石間的積泥，以水泥勾縫厚，用空氣壓縮機 250～350 千帕的壓力灌注水泥沙漿堵漏，增強塘身的整體性，制止附土流失。

　　伴隨著錢塘江治理工程的開展，20 世紀 80 年代海寧、海鹽段 33 公里長古海塘被定為永久岸線保存，防護標準也隨之提高。為防潮浪越頂，採取塘頂加高、加固的方法來提高防潮標準。海寧一帶採用拓寬附土面，土墊退建加高，在不增加石塘壓力的情況下，又有利於消殺越頂風浪。海鹽、平湖及金山一帶則在塘頂外側加建混凝土或鋼筋混凝土弧形反浪牆，使風浪形成上竄水體仍回落江中。對塘頂條石易被風浪掀動的地段，則以水泥沙漿膠砌。塘頂附土

<hr />

〔註 58〕韓曾萃、戴澤蘅、李光炳，錢塘江河口治理開發〔M〕，北京：中國水利水電出版社，2003：314。

易被風浪刷蝕的地段，則在塘頂附土上砌石護面。〔註59〕

　　錢塘江古海塘另一主要安全隱患在於基礎防沖結構差，坦水、排樁失穩被沖，故古海塘加固重點工程集中在對塘基的保護，開始嘗試使用新材料、新結構，探索更為合理可行的加固方案。根據所處位置不同，採取不同的防護方略，海寧險段順直岸段採用丁壩護岸，彎曲河段採用砼長樁替換原有木排樁的防沖技術；海鹽段採取塘頂擋浪牆加高、塘腳拋石鎮壓的方法。此次明清古海塘加固技術的創新主要體現在以下幾個方面：一，石塘外側打 10 米鋼砼長樁，取代內側打樁；二，石塘與土體間增加的反濾層，防止土體流失；三，土墊後退加高。而這三個問題的解決保障了海塘的穩定性，延長了古海塘的使用壽命。看似簡單改進方案，是在分析已積累了 50 多年的錢塘江水文數據的基礎上，應用現代力學理論進行分析而最終確立的。

　　從技術角度分析，老海塘加固（詳見圖4-7）工程主要採取以下幾種保護措施：

　　1. 嘗試修築不同結構的坦水來保護塘身，如塊石乾砌、條石靠砌、條石豎砌、混凝土灌砌塊石等，比較其優缺點、試用區域，現海塘坦水多採用混凝土灌砌塊石結構。

　　2. 增建護塘牆保護塘腳。1949 年以後，為加強坦水與塘身基礎之間的聯接大量修建護塘牆。即在石塘前趾外緣，增澆混凝土立牆，立牆深埋於塘基之下，內側與石塘前趾排樁緊靠，並使混凝土與石塘基礎底面擠壓密實。護塘牆頂一般至少包住塘身二皮條石。凡塘身高大者，護塘牆下加簽長 3.5 米～6.5 米的木基樁，相應擴大石塘基礎寬度。〔註60〕施工中曾試驗高壓噴漿築防沖連續牆、錨拉井式防沖連續牆、護底拋石。

　　3. 水平護坦技術：拋填或澆築混凝土異形快、水下瀝青混凝土、水下不分散混凝土、裝石塗塑鉛絲籠、整體式模袋混凝土護坦〔註61〕、鉸鏈式模袋混凝土〔註62〕。此類技術方法主要是為了解決強湧潮河口水下施工作業問題。

〔註59〕錢塘江志編纂委員會，錢塘江志〔M〕，北京：中國方志出版社，1998：483。
〔註60〕韓曾萃、戴澤蘅、李光炳，錢塘江河口治理開發〔M〕，北京：中國水利水電出版社，2003：324。
〔註61〕整體模袋式混凝土護坦，在原護坦外側先拋石，再在拋石基礎上鋪土工布模袋，用混凝土泵輸送細骨料混凝土，厚度分 15 釐米、20 釐米、25 釐米三種。
〔註62〕鉸鏈式模袋混凝土，此方法是對整體式模袋混凝土的改進，將整體模袋式改為可變形的鉸鏈式。目的在於：該結構在河床刷深是能自動調整水下保護坡度，加大保護深度，是模袋混凝土始終能與刷深後的河床緊貼。

20世紀80年代開始使用模袋混凝土護坦。20世紀90年代使用少筋混凝土護坦，這種設計在基床石堤沖來後會隨之變形，達到自動調整水下保護邊坡。1995年，在海寧老海塘加固工程中試用異形混凝土塊體護坦，這是針對錢塘江河道沖淤不定的特點，澆築自重較大且彼此間有一定勾聯作用，能適應河床變形的基礎防沖刷結構。

4. 垂直保護措施：打樁、換樁取代老木樁，並試製多功能打樁機以適用強湧潮河口作業條件。為解決坦水前木排樁失穩問題而進行換樁、打樁試驗。1989年海寧廟灣嘗試換樁，即將原木樁拔除後打入新樁，新樁為板樁長7.5米，斷面25cm*40cm。1999年，開始採用多功能打樁機，使得換樁工藝獲得重大突破。另，試驗在原木樁外側直接打新的鋼筋混凝土樁，獲得成功，創造了直接打樁加固加深護坦防沖結構的新方法。

圖4-7　錢塘江海寧段明清古海塘加固橫斷面示意圖

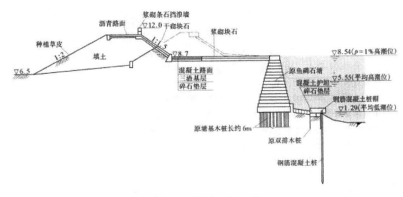

海宁明清老海塘改造加固橫断面示意图（单位：m）

源自：《中國水利百科全書防洪分冊》，p223。

1997～2000年，開展海寧、海鹽老海塘險段標準海塘修築工程，在魚鱗古海塘塘腳另加築混凝土或漿砌條石護坦。護坦前端根據潮流沖刷形式不同，分別設置鋼筋混凝土板樁（樁長10.5～12.5米）或大方腳和拋石體。從效果來看，自海塘加固工程實施完成後，錢塘江古海塘至今未出現大的問題。

4.3.2.2　輔助護塘技術的發展

作為錢塘江海塘縱深防禦體系的重要組成部分，輔助護塘技術對保護塘身安全起到了關鍵作用。1949年之後，塘前消浪、坦水和護塘牆、丁壩和盤頭、塘頂防浪牆、護塘地等技術進一步改進和發展。這些技術很多應用在古海塘加固工程中，前面已做介紹，此處不再贅述。

　　輔助護塘技術中技術改進和技術創新最多的是丁壩設計、丁壩保護技術，其中最為重要的是丁壩群（專業詞彙為「短壩密距」）技術在防治工程中的廣泛應用。錢塘江丁壩分布詳見圖 4-8。自民國以來，丁壩便被視為保灘護岸的有效方式，實施過程中一直採用壩長與壩距比為 1：1，即兩者都為 1000 米，效果並不理想。中華人民共和國成立後，改進設計，實施短壩密距的辦法，即減少丁壩長度和壩間距，增加丁壩數量，這是治江技術的重要變革。

圖 4-8　錢塘江河口現有丁壩分布示意圖

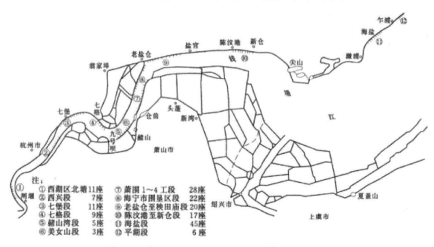

來源：《錢塘江河口治理開發》，p340。

　　1952 年，浙江省水利局著手開展江道防治工程，在實踐摸索過程中，提出「治江結合圍塗」，將圍墾灘塗與江道治理工程相互結合，丁壩作為治江圍塗的主要技術手段被廣泛應用。因錢塘江潮浪洶湧，丁壩常被破壞。工程技術人員結合治江需求，對整治江道而修築的丁壩與護岸丁壩的斷面、壩體長度、壩身高度、壩面結構進行改進。丁壩易毀，造成重大經濟損失，且危機塘身安全。為此，科研工作者深入分析丁壩被沖毀的原因，展開丁壩壩頭模型試驗；同時以泥沙模型試驗和丁壩現場實測數據為依據進行分析研究，提出沉井、浮運沉井、沉箱、掛樁等不同保護壩頭的結構措施。工程實施中開展丁壩上游坡腳沖刷坑保護、丁壩壩根保護、高灘盤頭的保護措施，形成較完善的護壩防沖體系。另外，根據波浪水槽試驗結果，技術人員提出興建塘前潛壩，消殺湧潮波能，降低波浪爬高速度。

　　伴隨技術的發展，科研人員對湧潮動力條件和係數進行了現場觀測，深入研究湧潮的作用力，為修築抵制潮汐沖刷的建築物提供科學依據。

（1）丁壩的設計

工程技術人員根據以往丁壩設計的成功經驗，結合模型試驗的證明，對丁壩的長度、高度、壩的間距、走向、斷面結構進行改進。壩長：強湧潮河段，壩長一般為 60 米左右，處於下游無防護的 1～2 個丁壩，長度略短。壩高：壩的高度根據壩田淤積高程確定，根據實際需要確定壩高。壩距：經試驗測算，江道彎曲段凹岸，仍採用原有壩距，即壩長與壩距之比為 1：3；順直河段間距放大至 1：7。壩的走向：錢塘江河口丁壩走向適當向上遊方向微挑 15°，以減輕湧潮對丁壩上游側沖刷。壩體斷面結構：錢塘江現有丁壩壩面寬 3～4 米，下游側邊坡為 1：2，上游為 1：3；低水位壩面採用漿砌石或混凝土保護；壩上游坡開設排水孔，以降低壩內壓力和壓力差；為防壩基沖刷，鋪設無紡土工布作為反濾層。

（2）護壩體系（圖 4-9）

圖 4-9　護壩體系（單位：釐米）

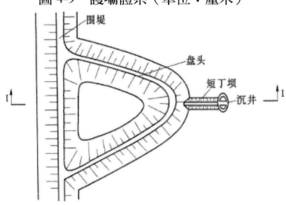

歷代護岸保灘技術一直被沿用，1949 後科研人員不斷研究試驗丁壩保護措施，並進一步完善保護體系，即圍堤—盤頭—短丁壩—沉井—壩頭沖刷坑。根據塘段的不同修築不同結構、不同材料的盤頭，盤頭前端設置整體圬工結構沉井（圖 4-10），井外拋築塊石，形成以塊石保護沉井基礎、以沉井保護丁壩、以丁壩保護盤頭、以盤頭保護大堤的較完整的防沖體系。為保護丁壩壩頭，通過壩頭沖刷坑深度試驗和現場實測數據分析造成壩頭沖刷的各種因素，研究保護策略和方法。首先採用壩頭堆放石體的方法，但壩前堆石在低水位至低水位以下 5 米左右，塊石難以穩定。由此，發明了沉井法來保護低水位以下塊石不能穩定的那一段。沉井多採用漿砌塊石製作，腳和圈梁均用少筋混凝土，井內填石，總重可達 1000～2500 噸。沉井技術推廣應用後取得較好效果。但是，

此方法不能適用於強湧潮河口作業，故採用在近灘修築圍堤，圍堰內分節澆築沉井，分節浮運、分節沉放、現場接高的施工方法。該沉井為鋼筋混凝土結構，直徑 10 米，第一節高 9 米，第二節高 5 米，此方法在強湧潮河口作業獲得成功。但因週期長、造價高，該方法未被推廣。

圖 4-10　盤頭沉井平剖面圖

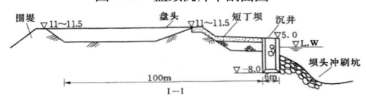

單位：cm

鑒於在低水位以下一定深度需用整體性耐沖結構保護壩頭，嘗試在丁壩壩頭前拋築沉箱，即先拋築一塊石基床，基床上安放鋼筋混凝土沉箱，箱內填石，以其整體性和巨大重量來穩定自身，籍以保護壩頭。但施工過程中，因強湧潮河口基床塊石易被沖走，導致沉箱傾翻。塊石被潮水沖走很難被發現，故嘗試「掛樁」的方法來解決此問題，即在低水位以下一般粒石能穩定的深度範圍內，用一列樁攔住壩頭塊石。因樁不能埋入壩頭堆石體內，故將樁頂固定在一個大型鋼筋混凝土框架上，此框架與壩面混凝土相連，以資固定。因樁頂固定於框架上即將樁掛於框架上，而得名「掛樁」。

除對丁壩壩頭保護進行深入研究外，還對丁壩上游坡腳沖刷坑、丁壩上游側壩根的保護問題展開研究。

丁壩上游坡腳沖刷坑保護：科研人員通過實測數據和計算機數值模擬試驗的方法計算丁壩上游坡腳湧潮沖刷後所形成的沖刷坑。1994 年，在老鹽倉墾區 3 號低壩試做挑流大平臺和已形成沖刷坑的較深部位，用預製混凝土板樁設置防沖刷連續牆來保護丁壩上游坡腳。

丁壩上游側壩根的保護：壩根關乎整個丁壩的安全，沖斷壩根的險情時常出現。為解決此問題，科研人員通過水槽試驗對比無措施、緩坡半高壩、下位導流牆、導流牆加八字腳四種方案的防沖效果。技術人員經反覆試驗最終提出，護面下反濾層質量更重要及增加無紡布層，或是修建截流牆的建議。

（3）順岸潛壩

伴隨技術的發展，認識到杭州灣地區海洋動力以波浪為主，為提高海塘抗颱風災害的能力，科研工作者提出興建塘前潛堤以消殺波能，降低波浪爬高，

達到防止潮浪越頂的目的。海鹽五團塘段採用此方法修築潛壩，取得較好效果。詳見圖 4-11。

圖 4-11　海鹽五團挑浪牆和潛壩工程圖

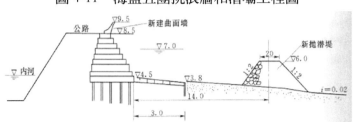

資料來源：《錢塘江河口治理開發》，p360。

4.4 治江圍墾工程

4.4.1 背景

　　1957 年冬、1958 年春國務院提出：要全民性的向大自然進軍，要從根本上改變自然的面貌——消滅普遍的水旱災害，實現水利化，保證農業生產的大躍進，並提出了「向山要地，向水索糧」的豪邁口號。由此，迎來中國水利建設的高潮期，全國開展大規模的農田水利建設。

　　1964 年，全國發起轟轟烈烈的「農業學大寨」運動，各地在「人定勝天，改造大自然」的口號聲中到處圍湖造田，燒山開地，以解決人多地少的問題。錢塘江兩岸富饒的江南地區，自古便存在人多地少的矛盾，圍墾、開發、利用江灘地的情況一直存在。在國家政策的指引下，錢塘江兩岸尤其是南岸開展了大規模圍墾工程。

圖 4-12　20 世紀 60 年代圍塗工程現場及其標語

　　1958 年，浙江省成立海塗圍墾指揮部。同年 8 月浙江省人民委員會頒布
《浙江省圍墾海塗建設條例》，確立了在開展大規模水利建設的同時進行海塗
開發利用。錢塘江江道自古便為「南坍北漲，北坍南漲」的特點，圍墾工作的
開展需要根據江道擺動情況，在有利的自然條件下方可進行。

　　建國初期，錢塘江南北兩塘間南沙、北沙江灘最寬處達十數里、長十數
里，已開墾灘地六十餘萬畝，土地肥沃，百姓在此生活，人煙繁庶，種有大
片棉、麻，並開發了大片鹽田。1956 年，江道發生變遷，錢塘江南岸蜀山以
東發生大面積坍江，南沙大堤受潮浪沖刷發生大面積坍塌，益農一帶 5 公里
多長的堤塘被推平。〔註63〕為防止坍江，錢塘江防治工程一直在開展之中。
1958 年，赭山灣整治工程開始實施，至 1966 年已建成 4 座主力壩，赭山灣
江道得到有效治理，築壩促淤取得良好效果。江道自然條件具備了良好的圍
墾條件。

　　1966 年「文化大革命」爆發，各方政治鬥爭不斷。1967 年，軍代表進駐
浙江省水電廳，而且為三軍駐廳，政治形勢及其複雜。當時，水電廳領導班子
都被批鬥，停止一切工作。與此相伴，中國出現了嚴重的經濟問題，社會生產
基本處於停滯狀態。在此情況下，周恩來總理向毛澤東主席彙報國家經濟問題
嚴重，瀕臨崩潰。毛澤東主席提出了「抓革命，促生產」口號。根據毛主席的
指示，周總理安排各地方（省裏）成立是辦事組、公安（安全）組、生產組。
隨之，各個單位、各部門成立三大組：政治組、辦事組、生產組。1968 年，鍾
世傑被任命為浙江省水電廳生產領導小組組長，成為負責生產的最高負責人。
事實上，鍾世傑是浙江省水電廳的實際負責人，單位公章由他負責保管。作為
年輕的革命幹部，窮苦的出生、悲慘的家庭遭遇，自小從事革命工作的經歷，
他的腦海里根植著「聽黨的話，聽主席的話」的堅定信念，致力於改變中國積
弱積貧的社會面貌。他對於能夠給國家帶來眾多利益與好處的圍墾工作充滿
了熱情。

　　錢塘江圍墾工作是在特殊的歷史環境、有利的自然條件、特殊的國家政策
引導下，在特殊個體的積極參與、組織和支持下開展起來。1967 年 12 月 11 至
14 日，浙江省計委、浙江省水電廳召開沿海 5 個專區、11 個縣的圍墾海塗座
談會，研究部署 1968 年群眾性圍塗造田工作。自此，全面揭開錢塘江南岸蕭
山圍墾工程的大幕。

〔註63〕費黑主編，蕭山圍墾志〔M〕，上海：上海人民出版社，1999：20。

4.4.2 實施過程

中華人民共和國成立後，伴隨錢塘江防治工程的開展，在工程實踐中技術人員和主管領導總結出「治江與圍塗結合，圍塗服從治江，促進治江；治江穩定河勢，促淤圍塗」的防治方略。作為錢塘江防治工程的主要治江措施之一的圍墾工程得以大規模的展開。初期，以南岸圍墾為主，圍墾大量土地的同時取得良好的治江效果。隨著工程的持續開展，錢塘江北岸利用有利條件也展開圍墾工程。此項防治方略的實施，不僅達到了治江工程的預期效果，而且圍墾工程獲取大面積土地，解決了浙江人多地少的問題，為浙江經濟社會的發展做出了重要貢獻。

錢塘江南岸圍墾工程主要集中於蕭山、紹興、上虞地區，其中蕭山圍墾面積最大。根據治江工程的開展情況，圍塗工程的規模、組織方式發生了不同的變化，大致可分為以下幾個階段：

第一階段，1949 年至 1967 年，以地方群眾自發組織的小規模圍塗為主。

中華人民共和國成立初期，錢塘江圍塗主要集中於南岸蕭山地區。根據江道變化、江灘淤積情況，蕭山地區由當地百姓自發開展了小規模圍塗。1955 年，西興保灘護岸工程竣工後，取得明顯效果，出現大片淤灘，附近村民採取小塊圍塗的方式，在江灘上共圍塗土地 1774.58 畝。1958 年在錢塘江大橋以東由當地公社組織勞動力展開圍墾工程。此階段圍墾工程，由各個村鎮組織，利用治江工程取得的促淤效果展開小規模圍塗為主。

第二階段，1968 年至 1990 年，「治江結合圍墾，軍民聯動」的大規模圍塗工程。

1960 年，錢塘江開展赭山灣治理工程，至 1966 年工程實施完成美女山壩、九號壩、一號壩、七下右順壩四座主力壩。工程完工後，赭山灣凹岸達到錢塘江治理工程規劃岸線要求，岸線基本固定，錢塘江主槽趨向東北，南沙大堤白虎山至蜀山段以北淤漲出大片灘塗。1968 年，該段灘塗達到可圍墾高程。

1968 年 6 月，蕭山區成立蕭山瓜瀝地區圍墾指揮部領導小組，指揮部設置在新灣。1968 年 7 月 16 日蕭山開展首期圍塗工程，指揮部組織 15 個公社和瓜瀝鎮 104 個大隊的民工參加，日出工人數約 2 萬人；第二期工程於同年 8月 28 日開始，組織了瓜瀝地區 16 個公社和 1 個鎮參加施工，日出工人數約為 4 萬；第三期圍塗工程於 1968 年 11 月 27 日至 12 月 3 日開展，參與單位

和人數與第二期相同。至此，錢塘江完成了治江史上首次大規模圍塗工程，不足 4 個月的時間圍塗 3.6 萬畝。此次圍塗成功後，猶如在南沙大堤外築起了一個巨大的「丁壩」，南沙大堤的東側淤漲起大片灘塗，為後期圍塗工程的開展創造了良好條件。同時，積累了豐富的實踐經驗。

蕭山圍墾所取得的成功經驗，迅速被推廣到錢塘江河口兩岸的紹興、上虞、餘杭、海寧等縣市。伴隨錢塘江治理工程的持續推進，錢塘江南北兩岸開始大規模有計劃、有組織、有目的地召開圍塗工程。

蕭山圍區 3.6 萬畝圍塗成功後，向西繼續圍塗 2.7 萬（稱為蕭圍 70 丘）畝灘塗。此後，新圍片區向東迅速淤漲出大片灘塗，達到可圍高程再次圍塗 5.2 萬畝，圍塗規模和面積再次擴大。

面對不斷擴大的圍塗規模，地方政府對圍塗工程充滿了熱情。1969 年，蕭山縣革命委員會實行「撤區並社」，將原有的 58 個人民公社和坎山、聞堰、長河、西興、義橋 5 個鎮合併，組成 27 個大公社，瓜瀝地區圍墾指揮部隨之改為蕭山縣圍墾指揮部。可見，圍塗工程已由村鎮組織上升到縣級組織，意味著圍墾工程受到了縣級領導的重視，其規模和範圍必將繼續擴大。

錢塘江圍塗工程不僅需要特定的自然條件，還有具體時間的要求，每次的圍塗工程只能在冬春季節開展，且要在 5～7 天的小潮汛期間完成施工。這就需要短時間內集中大量的人力、物力組織開展搶築圍堤，在大潮汛到來前完成圍堤修築工程，並要保護好新修土堤不被潮浪衝垮。

鑒於特殊的搶築需求，5.2 萬圍塗（稱為蕭圍 86 丘）成功後，其東側及南沙大堤新灣丁壩至一號閘至十二埭閘堤線東側均淤漲出大片灘塗，約有十萬畝。為此，浙江省革命委員會決定由中國人民解放軍駐浙某部、南京軍區浙江生產建設兵團和蕭山縣聯合開展此次圍塗工程。工程分兩期進行：第一期於 1970 年 11 月 20 日開工至 25 日竣工，先行圍住該片灘塗的北塊。參加此次圍塗的有中國人民解放軍駐浙某部、南京軍區浙江生產建設兵團二師六團和八團，及蕭山縣的 13 個公社，日出工人數達到 7 萬人次，共築堤 17328 米；第二期於 1971 年 1 月 15 日至 21 日完成該圍塗的南側地塊，參與單位與第一期相同，日出工人數為 6 萬人次，築堤 6750 米。〔註64〕此次，軍民聯動共圍塗灘地 9.7 萬畝，是規模最大的一次圍塗工程。此後，軍民聯動又陸續開展了多次圍塗工程。

〔註64〕費黑主編，蕭山圍墾志〔M〕，上海：上海人民出版社，1999：90～91。

圖 4-13　20 世紀 70 年代圍塗現場照片

隨著錢塘江防治工程的開展，1985 年 9 月錢塘江主槽走北，南岸外十工段至十二工段大堤以東淤漲出大片灘地。據江道地形圖測算，高程在 5 米以上的達到 9.2 萬畝，高程在 6 米以上的約為 8 萬餘畝。在經浙江省水利廳同意，蕭山區組織全縣人力、物力參與圍塗工程。1986 年 11 月 22 日開始首期圍塗，由各區、縣、鄉領導率領 15.4 萬人開赴工地參與工程。二期工程於 1987 年 1 月 6 日至 11 日開展，日出工人數 8.13 萬人次。〔註65〕如此大規模的圍塗工程，需要嚴密的組織和管理，方可在短時間內完成。

第三階段，1991 年至 2000 年，機械化圍塗工程。

伴隨社會和科技的發展，20 世紀 90 年代之後開展的圍塗工程採取機械化圍塗的方式，以替代大規模的人工圍塗。與此同時，圍塗收益分配管理方案也發生了質的變化。

1993 年，十六工段至十八工段以東形成較為穩定的灘塗。蕭山市政府決定對此區塊開展圍塗工程，由此開創了機械圍塗的先河。為開展此次圍塗工程，1993 年蕭山市委、市政府研究決定成立圍塗工程領導小組，並決定以招標的方式開展工程。此方案，使得圍塗工程所採取管理及分配方略與前兩個階段相比，存在著本質的區別。以往圍塗工程的實施採取「誰出力誰受益」、「不與民爭利」的策略，所以能夠調動廣大群眾和軍方的積極性參與到圍塗工程中。1993 年後採取招標的辦展開圍塗工程，由圍塗公司負責圍塗工程的實施，公司收取相應的圍塗費用，所圍灘塗全部歸屬於地方政府。這是錢塘江圍塗工程利益分配方案的一次重大變革。

〔註65〕費黑主編，蕭山圍墾志〔M〕，上海：上海人民出版社，1999：92。

圖 4-14　20 世紀 90 年代之後的機械化圍塗

　　此次圍塗工程首次採用以泥漿泵採填為主的機械化施工，通過挖、裝、運、卸、平整、夯實 6 到工序，一氣呵成，修築完成臨時堤壩。工程完成後，圍得毛地 1.33 萬畝，交給蕭山市農業對外綜合開發區管理委員會管理。此後，又開展了多次機械化圍塗工程，獲得大量土地資源。

4.4.3 技術經驗

　　錢塘江防治工程將「群眾自發運動與科學治江」相結合走出了一條獨特、高效、快捷的治江之路；採取民辦公助的方式，大大調動了沿江各縣市的圍塗熱情，依靠群眾開展治江工程。作為主管治江工程的單位及主要技術負責人，科學制定錢塘江治導線，防治過多圍塗江道；同時，為圍塗工程提供技術指導，保障圍塗工程順利開展。

　　錢塘江圍塗工程由於湧潮和粉沙土河床的特性，湧潮的沖刷破壞力極強，而粉沙土的抗沖能力弱，受洪水、潮水流路多變的影響，灘塗穩定性極差。因此，圍塗工程必須搶時間、趕季節，一旦灘塗形成，具備適當條件，就要抓住時機搶圍，以防坍失。蕭山自 20 世紀 60 年代開展大規模圍塗工程，積累了豐富的經驗。在圍塗施工過程中，首先，要把握灘塗淤高的有利時機，利用「大潮頭小潮尾」的 7 天左右時間展開施工，組織幾萬到十幾萬群眾開展大會戰，挖河、築堤、拋石渣、護堤坡同時施工，一氣呵成；其次，遵循自上而下、由裏向外、分期分片、逐步推進的方略。大會戰結束後，組織專業隊伍對大堤開展鞏固工程、展開墾區內的農田水利建設。

　　錢塘江河口段防治工程的實施有著其特定的前提條件：首先，必須遵循圍塗服從治江的原則，堤線不得超越江道整治規劃線；其次，堤線外預留一定寬度的灘塗，以便在搶築土堤之外灘塗未坍之前能夠完成拋石護坡工程；第三，堤線儘量保持順適，在保證安全的條件下，盡可能外移，使得單位堤長所圍面積儘量打，以降低單位造價。這就要求對江道的演變趨勢有著正確的分析判斷，搶護能力及時高效。第四，灘塗高程要高於當地正常內河水位和外江小潮高潮位約 1 米，以便小潮汛可以組織勞力突擊挖河築堤，利於圍區自然排水。

　　在錢塘江河口段治江圍塗工程實踐過程中，工程技術人員探索形成了一套因地制宜、就地取材、切實可行、行之有效的工程措施，即：先建閘，後築堤；邊築堤，邊挖河，堤成河通；水運石料，護提防浪；灌水密實，防止滲漏；坵工加固，抗禦湧潮；丁壩盤頭，促淤護基；預建沉井，壩頭防淘。圍塗工程形成了沉井保護壩頭，丁壩保護堤基，大堤保護墾區的整套防潮、放浪建築。

　　「先建閘，後築堤；邊築堤，邊挖河，堤成河通」是指在計劃圍塗毗鄰的老堤上先建節制閘，然後沿計劃堤線內側挖河取土築堤；土堤與內河同時完成，使新老圍區內可通水過船，即可滿足新圍區雨水向內排泄的需求，又可使內河水運通暢，便於運輸大量護堤石料和搶險物資。

　　「水運石料，護提防浪；灌水密實，防止滲漏」是指通過取土築堤所形成的河道，運輸護岸物資。土堤一般在冬季分兩期填築，先搶築較矮小的斷面，搶拋碴石護外坡，防冬季大潮時破壞，然後挖溝灌水，密實填土，堵塞漏洞。為使土堤穩固、防滲漏，依靠人力集體踩踏，且便灌水便踩踏的方式壓實塘身。

　　「坵工加固，抗禦湧潮」，若堤外高灘不坍失，灘上水深一般小於 2～3 米，拋石護坡即可防禦。若堤外高灘淤漲擴大，再築新堤，原有圍堤退居二線，不需保護加固。若堤外高灘坍失，主流臨堤，必須大量補拋塊石，開展臨時搶護工程。同時，盡快加築漿砌石護坡，防止湧潮和風浪的破壞，減少石料損失。

　　「丁壩盤頭，促淤護基；預建沉井，壩頭防淘」主要用於保護江堤。當江流主槽臨近江堤，堤腳河床位於低潮位之下，零散拋石不能抵禦一天兩潮的沖刷。此時，需要拋築低矮的短丁壩促淤，保護堤腳免受淘刷。當高灘築堤之時，則預先修築盤頭丁壩，以備高灘坍失之後發揮挑溜保灘的作用。盤頭之前延伸修築一條長 50～100 米的短丁壩，壩頭預作坵工沉井，下沉至低水位以下 6～8 米的深度，可以在壩頭臨溜時防止壩頭的局部淘刷。盤頭和沉井是在高灘尚未坍失前的陸上施工，較為容易。

4.4.4　圍墾效果〔註66〕

錢塘江圍塗與治江工程相結合，根據治導線和治江規劃方案，自1968年之後錢塘江南北兩岸開展的圍塗工程，是有計劃、有目的地分期、分片展開的。圍塗是為治江工程服務的，目的是為了治江。「圍塗必須服從治江」不可盲目過多圍塗江道，「以治導線為圍塗紅線，不可越界」成為圍塗的另一個重要原則。

第一期，20世紀60年代規劃堤線的實現。自1968年圍塗治江工程開展以來，至1973年分期圍塗工程開展後，錢塘江南岸倉前至新灣岸線長26千米的臨江堤線（蕭圍一工段至十工段的西線和北線）基本達到60年代初期規定的規劃岸線。

第二期，20世紀70年代中期規劃堤線的基本實現。1978～1980年，錢塘江北岸喬司3號大堤至老鹽倉岸段先後圍塗4.8萬畝，蕭圍四工段至十工段先後圍塗3.3萬畝。至此，自杭州閘口至海寧八堡60千米的河段，除赭山灣東風角至九號壩一小部分岸線外，其餘岸線的臨江堤線已基本達到70年代中期制定的規劃岸線。同時，蕭圍和紹圍東線在1976至1977年向外圍塗5.6萬畝，將堤線外推3～4千米。

第三期，20世紀80年代尖山河段規劃堤線的初步實施。1980～1989年，尖山河段1980年海寧八堡以上的兩岸臨江堤線已基本達到規劃岸線，圍塗治江工程轉移到八堡至澉浦河段（即尖山河段）。尖山河段防治工程主要圍墾區域在錢塘江南岸，擬定先將尖山河段主槽控制在偏北位置。由此，蕭山圍塗的北線臨江圍堤可以進一步向東延伸，對控制尖山河段主槽將產生明顯作用。1986年，河勢突變，蕭圍70丘東側出現罕見的寬廣高灘，搶圍出5.2萬畝的蕭圍86丘，將蕭圍北線臨江圍堤向東延伸了6千米。圍塗成功後，尖山河段主流基本被控制在偏北位置，為南岸易受潮流頂沖的南岸圍墾創造了很好的條件。曹娥江右岸上虞縣得以乘淤圍塗，錢塘江堤線向外推移，比1976年北移6千米。

第四期，20世紀90年代尖山河段堤線的調整。因曹娥江出口水道擺動不定，尖山河段曹娥江出口附近促淤困難。如何控制曹娥江出口水道流路位置，成為該岸段防治工程的關鍵。1989年開始，沿曹娥江出口水道左側規劃

〔註66〕韓曾萃、戴澤蘅、李光炳，錢塘江河口治理開發〔M〕，北京：中國水利水電
出版社，2003：287～290。

岸線興建順壩控制導流路，以促進出口水道左側淤漲高灘，取得很好的效果。至 1997 年，先後圍塗 8 片，共 7.9 萬畝。出口水道右側採取類似的方法，自 1991 年至 1999 年間，採取自上而下、自裏向外，拋築順壩促淤的方式先後圍塗 5 片，共計 9 萬畝。工程實施後，夏蓋山以西大部分臨江圍堤線已接近規劃岸線。

北岸尖山至澉浦河段岸線，受 1989 年連續多年豐水年的影響，主槽一直偏北，圍塗難度大。1997 年對該段圍塗防治方案及相關施工措施進行調整。1997 年自小尖山沿規劃線向下游修築順壩，使主流導離北岸，以達到促淤圍塗的目的。1998 年首次在尖山至鼠尾山間圍塗一萬畝。1999 年再次圍塗 1 萬畝，揭開了該河段治江圍塗的序幕，江道主流逐步偏離北岸鼠尾山朝向走中的規劃路線發展。2001 至 2002 年，自鼠尾山至高陽山間又先後圍塗兩片，共計二萬畝。

自 20 世紀 60 年代以來開展的治江圍墾工程，至 1999 年底已基本達到規劃堤線要求。錢塘江澉浦以上河口段，鼠尾山—夏蓋山以上至杭州閘口長約 89 千米河段的堤線，均已達到 2001 年的規劃堤線，累計圍塗 111 萬畝，詳見圖 4-15。

治江圍塗工程為地方政府帶來了巨大的經濟效益，沿江各市縣對圍塗工程有著極高的積極性。但是過多圍塗也存在副作用，會給江道造成不可逆轉的影響，甚至影響整個治江工程。因此，守住治導紅線成為工程技術人員和水利部門主管領導的重要任務。1986 年南岸蕭圍外線仍出現了多圍的情況，致使此段河道不符合河流自然形態，所幸未對江道產生過多副作用。

圖 4-15　錢塘江河口段分段治江圍塗進展圖